# *Jesús:*
# EL
# DISEÑO
## PARA LA
# IGLESIA

# *Jesús:*
# El
# Diseño
## para la
# Iglesia

### JOEL AVILES

XULON PRESS

Xulon Press
2301 Lucien Way #415
Maitland, FL 32751
407.339.4217
www.xulonpress.com

Salvo indicación en contrario, las citas bíblicas tomadas de Biblia Reina-Valera (1909), *Dominio Publico*

Paperback ISBN-13: 978-1-6628-1637-6
Ebook ISBN-13: 978-1-6628-1638-3

# TABLA DE CONTENIDO

# Opiniones acerca del Libro

ENTRE LAS ADVERTENCIAS PARA LOS CREYENTES
a prestar atención antes del regreso de Cristo se encuentran los
peligros del engaño y la desviación de la fe enseñada por Jesús
y los Apóstoles. El Reverendo Joel Avilés presenta un "mapa"
cuidadosamente pensado y bíblicamente sólido para que
los creyentes en Cristo la sigan para ayudarnos a guiarnos al
destino previsto de Dios para nuestra vida. Este es un libro que
necesitaba ser escrito ahora en estos tiempos inciertos, donde
los fundamentos mismos de las verdades eternas dadas en las
Sagradas Escrituras están siendo comprometidos y por muchos
completamente abandonados! Dondequiera que estés en tu viaje
personal con Dios, encontrarás ayuda esencial y crítica para navegar
a través de las tinieblas morales de la cultura prevaleciente. Lo
más importante es que obtendrás nueva inspiración, motivación
y visión renovada para seguir tu llamamiento ordenado como
representante de Cristo en un mundo perdido y herido!

**Rev. David Munizzi,
Catalyst International Church
en Orlando, Florida**

Hace unos años atrás, un cantante cristiano expresó al principio de
su colaboración con otro en una canción lo siguiente: "Si el mundo
rechaza a la Iglesia pero recibe a Jesús, seamos Jesús." En su libro

*Jesús: El Diseño para la Iglesia*, el Ministro Joel Avilés nos demuestra que no hace falta hacer tal distinción. Ser Iglesia conforme a la Escritura es ser de acuerdo a Jesús. Este trabajo teológico será de mucha utilidad tanto para los que tienen en su haber la enseñanza y la predicación como para todos los que deseen aprender acerca de los fundamentos y las bases de su fe. En una progresión que va desde la eternidad antes de la Creación, delineando de forma bíblica con un énfasis en la sana interpretación de las escrituras en su contexto, hasta delinear las consecuencias y el impacto de esa revelación en nuestra realidad como creyentes y miembros de Su Iglesia, Joel nos va guiando desde nuestras bases de diseño en Dios hasta ofrecer al final posturas y respuestas a problemáticas muy importantes de carácter actual.

Tengo la bendición de conocer a Joel hace varios años. Puedo dar fe de su carácter probado, su celo porque a la Biblia se le permita hablar por ella misma en lugar de torcerla para ajustarse a una agenda o visión dogmática, su pasión por la predicación y la enseñanza, y su testimonio como hombre De Dios y de familia que se esfuerza por demostrar en su vida lo que ha plasmado en estas líneas. Creo que este trabajo constituye una excelente aportación a la iglesia latinoamericana en los Estados Unidos y fuera y confío en que Dios utilizará las páginas de este libro para provocar reflexión, introspección y transformación para que en vez de buscar ser como este siglo, aquella corriente o esta facción desee; la Iglesia de Cristo pueda y quiera cada vez más parecerse a Su dueño. Hasta que llegue ese día glorioso en que se le conceda: "que se vista de lino fino, limpio y resplandeciente..." (Apocalipsis 19:8) para unirse eternamente a Su Rey.

**Rev. Rafael Torres Zacour,**
**Pastor de la Iglesia Renuevo Justo**
**en Humacao, Puerto Rico**

Este libro es un estudio profundo de la identidad de Jesucristo, con el fin de describir el verdadero propósito de la iglesia. El autor escribe con una voz conversacional pero profesional, lo cual hace el libro fácil de entender y creíble a la vez. El manuscrito está bien escrito y El autor apoya sus argumentos con escrituras apropiadas.

**Editor**

# DEDICATORIA

**DEDICO ESTA EXPOSICIÓN AL DIOS MARAVILLOSO** al cual amo y sirvo, sin el cual nada soy y nada puedo hacer. A ti, Dios de mi salvación, dedico esta obra literaria. Me inspiraste, me guiaste, y me empoderaste para realizar esta labor. Me he tardado demasiado en manifestar todo lo que has puesto en mí, pero al fin y al cabo te agradezco y alabo por ayudarme a dar a luz el propósito que pusiste en mi desde hacen años. A ti sea toda la gloria, honra, y honor!

A mi familia, sin el cual después de Dios no estuviera aquí. A mis padres, Ariel y Elba Aviles, y a mi hermano "Pito", nuestro viaje ha sido una embarcación llena de maravillas y también de tormentas, pero nuestro Señor no ha soltado el timón, y es por eso que estamos seguros. Sin el apoyo y amor de ustedes no podría producirse esto que será leído por muchos. A mi amada esposa, Damaris, que no ha sido solo mi mano derecha, ha sido mi brazo entero, mi corazón, y mi fuerza. Te amo con todo mi ser, has sido una bendición incalculable. Mi anhelo es poder siempre honrarte y que puedas ver producido en mí una cosecha poderosa, en acorde con todo lo que has sembrado en mi: amor, apoyo, y honra.

Al cuerpo de Cristo en general. Ser Iglesia es un privilegio inmerecido, y no cambio esa identidad por nada ni nadie. Gracias a todos los ministros que forman parte del ministerio quíntuple que han sido contribuyentes esenciales a mi formación. Sus guianzas, sus consejos, sus amonestaciones, su apoyo, y su amor son parte integral de las razones por las cuales estamos aquí. A todos mis hermanos de la fe que oran por nosotros y nos apoyan, los tengo en mi corazón y rodillas, gracias por ver en mi aún más de lo que muchas veces he visto en mi mismo, tanto para celebrarme como para corregirme.

A usted que ha de leer este libro. Gracias por tomar de su tiempo e invertir finanzas para obtener este libro. Es mi anhelo y oración que sea de bendición a tu vida, y que pueda guiarte hacia una relación más profunda con el Señor y un conocimiento más profundo de Él. Si de alguna manera este escrito es de bendición a tu vida, entonces pude lograr mi objetivo. Espero les sea de inspiración.

A Xulon Press y todo su equipo, en especial a los editores, gracias por recibir este proyecto y auxiliarme con la producción de la misma. No saben cuánto significa para mí el poder realizar este sueño.

A todos y cada uno de ustedes, les deseo bendición, salud, y protección en el nombre de Jesús!

**Joel Aviles**

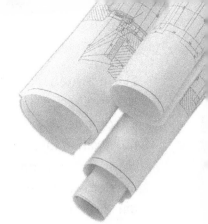

# INTRODUCCIÓN

**HACEN VARIOS AÑOS MI ESPOSA DAMARIS Y YO** decidimos tomar un fin de semana para ir a descansar en la ciudad de Sarasota, Florida. Nunca habíamos ido allí, pero habíamos oído cosas positivas acerca del lugar, así que reservamos un hotel por internet y procedimos a obtener las direcciones por MapQuest y luego las imprimimos. No había teléfonos inteligentes en aquel tiempo ni teníamos un GPS tampoco, y cuando seguimos las direcciones que imprimimos llegamos a un lugar que no era en nada parecido al hotel que habíamos reservado.

Cuando llamamos al hotel para explicarles que estábamos perdidos, la recepcionista nos informó que no éramos las únicas personas a las cuales esto les había ocurrido. Ella nos explicó que el fallo venia por MapQuest, y que ese portal por alguna información incorrecta en el sistema estaba dando direcciones equivocadas. Ella procedió a darnos las direcciones correctas y nos dimos de cuenta que todavía nos faltaba por llegar a nuestra destinación. Cuando al fin llegamos al hotel, pudimos descansar y disfrutar ese fin de semana.

No hubiésemos podido reposar ese fin de semana si no hubieran ocurrido dos cosas importantes:

1) Necesitábamos reconocer que estábamos perdidos. 2) Necesitábamos llamar a la destinación para que nos instruyeran en cómo llegar. ¿Cuántas personas, por falta de buenas direcciones, no llegan al lugar al cual deseaban llegar? No son culpables de su situación, simplemente recibieron direcciones erróneas, en ocasiones, aun por aquellos que reclamaban ser expertos en dar direcciones. ¿Cuántos otros se tardan en llegar porque no quieren reconocer que están perdidos y se tardan en pedir ayuda? Pueden llegar más rápidos a su destino, pero su ego no les permite humillarse y pedir auxilio.

Comparto esta experiencia personal porque creo que tiene gran parecido a algo que está sucediendo actualmente en la vida de muchos creyentes en Jesús a nivel mundial. Algunos tienen toda la buena intención de llegar a la eternidad con el Señor, pero tristemente han recibido direcciones equivocadas, lamentablemente en ocasiones por ministros que son considerados "expertos" en dirigir la vida moral y espiritual de sus seguidores. Debido a la gran confianza que tienen en sus líderes espirituales, no se dan cuenta. (Dicho sea de paso, es necesario que, así como MapQuest tuvo que actualizar su información concerniente a mi caso, los ministros evalúen y actualicen las direcciones que le dan a sus seguidores, para asegurarse que no están contribuyendo a su perdición).

Por otro lado, muchos quizás cegado por su anhelo de demostrar cuan inteligentes o capaces son, rehúsan aceptar la realidad que están lejos y desviados de su destino, gastando tiempo valioso dando vueltas, y cuando finalmente se humillan y piden ayuda, han pasado valiosos minutos u horas. En términos espirituales, quieren mostrar que están bien, que su doctrina u opinión bíblica es la correcta, que su estilo litúrgico es el único, que su denominación o concepto eclesiástico es el mejor. Tristemente, cuando se dan de cuenta que necesitan auxilio, lo piden cuando ya han dado esas mismas direcciones a otros y han gastado el tiempo de los demás también. Cualquiera que fuere el caso, siento la necesidad de compartir lo que creo que es un guía espiritual. ¿Si nuestro destino como Iglesia es la eternidad con Dios, como llegaremos? ¿Cuál es el camino?

Comencé hacen varios años a estudiar e indagar sobre un verso que había oído muchísimas veces en predicas y estudios pero que estaba convencido que contenía mucho más de lo que había oído. El panorama que comenzó a desarrollarse frente a mis ojos fue uno totalmente distinto al que había conocido antes.

> **Jeremías 6:16: "Así dijo Jehová: Paraos en los caminos, y mirad, y preguntad por las sendas antiguas, cuál sea el buen camino, y andad por él, y hallaréis descanso para vuestras almas. Mas dijeron: No andaremos."**

Lo primero que pude observar fue la pluralidad del término *"sendas antiguas."* Había oído acerca de *"la senda antigua,"* y estaba consciente de lo que muchos pensaban concerniente a ese término. Pero por primera vez me di cuenta de que Dios nunca hablo de *"la senda antigua"* sino de *"las sendas antiguas."* De ahí, el Señor les ordena a que, entre las sendas antiguas, observen cual sea el buen camino, y anden por él, porque habrá un resultado maravilloso para quienes lo hagan: ¡*hallaran descanso para sus almas*!

La expresión *"descanso para vuestras almas"* sonó una alarma en mi mente. ¡Yo había escuchado esta expresión antes! Ah, sí, Jesús habló acerca del descanso del alma cuando dijo en **Mateo 11:29: "Llevad mi yugo sobre vosotros, y aprended de mí, que soy manso y humilde de corazón; y hallaréis descanso para vuestras almas."** Las piezas del rompecabezas estaban empezando a unirse y mostrarme un panorama glorioso. Sera que Jesús era el camino del cual Dios hablo en **Jeremías 6:16**?

¡Seguro que sí, tenía que ser! Otro verso llego a mi memoria, el de **Juan 14:6: "Jesús le dice: Yo soy el camino, y la verdad, y la vida: nadie viene al Padre, sino por mí."** ¡Por supuesto! Jesús es el camino al Padre, y es el camino que trae descanso a nuestras almas. Su yugo es fácil, precisamente porque es un solo yugo, la voluntad del Padre. Cuando morimos a nosotros mismos y llevamos ese yugo, el camino se nos hace más simple.

Para completar el proceso, encontré en **Hebreos 10:20** una gran realidad: **"Por el camino que él nos consagró nuevo y vivo, por el velo, esto es, por su carne."** Ahora pude ver que Dios quería que el pueblo de Israel preguntara por *"las sendas antiguas"*, para que pudieran encontrar el *"camino nuevo."* Jesús es el camino anunciado en **Jeremías 6:16**, porque Dios llamó a Israel a regresar a la fidelidad y pasión que originalmente tenían por El, (**Jeremías 2:2: "Anda, y clama a los oídos de Jerusalén, diciendo: Así dice Jehová: Me he acordado de ti, de la lealtad de tu juventud, del amor de tu desposorio, cuando andabas en pos de mí en el desierto, en tierra no sembrada."**). Al regresar a esa pasión original por El, (que eran *"las sendas antiguas"*), entonces hallarían *el camino que los llevaría al descanso de sus almas.* Ese camino tipifica a Jesús, y es un camino nuevo y vivo para todos los que lo hallan.

Si Jesús es el camino, entonces nosotros tenemos que andar por ese camino. No solo tenemos que andar por él ya que trae descanso a nuestras almas, tenemos que andar por El porque es el camino que nos lleva al Padre. No hay otra posibilidad, y no hay otro camino. Es un camino angosto, pero es la que nos lleva a la vida eterna. **Mateo 7:14: "Porque estrecha es la puerta, y angosto el camino que lleva a la vida, y pocos son los que la hallan."** *Ojalá usted y yo, amado lector, ¡seamos de esos pocos!*

Jesús es el patrón y el diseño perfecto de Dios para toda la humanidad, y aquellos que afirmamos ser Su iglesia deberíamos modelar ese diseño, permitiendo que la vida de Jesús se refleje en nosotros, tanto en palabra como en conducta. Esto suena imposible a primera instancia, pero por eso fue que el Espíritu Santo fue derramado, para traer el diseño divino a nuestras vidas y causar en nosotros esa transformación.

Personalmente, y es solo mi opinión, pienso que un porcentaje sustancial de cristianos profesantes actualmente no estamos andando en ese diseño. Los afanes de la vida, el egocentrismo, o los desvíos y enseñanzas erróneas de la iglesia han formado creyentes que están modelando una vida contraria al de Jesús. Es por eso que les comparto a través de este libro lo que siento que Dios ha compartido conmigo. Les invito a que se unan conmigo a mirar la vida de nuestro Señor como el diseño y patrón para nosotros la iglesia y por consiguiente la humanidad entera. ¡*El estandarte de Dios para todos nosotros es Su Hijo*!

No pienses que no puedes alcanzar ese estandarte; que jamás podrás ser un modelo del Señor. Como antes mencionado, el ingrediente esencial para que puedas serlo ya ha sido provisto, ¡el glorioso Espíritu de Dios! Mientras vas leyendo el contenido de este libro, permite que Su presencia te ministre. Permite que Él te muestre donde necesitas hacer ajustes, donde necesitas madurar, y donde tienes que abandonar actitudes y comportamientos. Entra en su taller para que Él haga reparaciones y renovaciones, y saldrás listo para continuar en ese camino único que nos lleva a Dios.

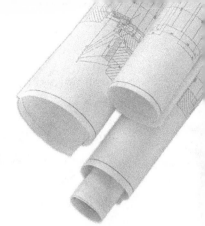

# Capítulo 1:
# EL DISEÑO ETERNO

SE QUE ESTO SONARA SUMAMENTE CLICHÉ, pero todo comenzó en la eternidad. Los teólogos hablan de la eternidad pasada, usando este término para referirse al estado previo a la creación, pero en realidad en la eternidad no hay pasado ni futuro como en nuestro tiempo humano, es un estado de un presente permanente. Pero respetando el lenguaje teológico, entonces usemos el término eternidad pasada. En esa eternidad pasada, no había ni existía nada excepto Dios. Estamos hablando previo a la creación de los ángeles, el universo y sus millones de galaxias, (incluyendo la nuestra, la Vía Láctea), y nuestro planeta tierra. En esa realidad eterna previo a todo lo creado, solo estaba Dios. ¡La Biblia no revela mucho de esta etapa previo a la creación, pero si nos revela en varios pasajes que Dios estaba activo!

¿En qué sentido estaba Dios activo? ¡Él estaba pensando! Él estaba ideando y planificando en su mente y corazón todo lo que sería desarrollado más luego desde la creación inicial narrada en **Genesis 1**, hasta la nueva creación que hallamos en **Apocalipsis 21**. Todo el panorama estaba "fríamente calculado". ¿Como podemos hallar evidencia histórica de esto? No lo podemos hallar en la historia natural, pero si está en la revelación bíblica. En esa revelación bíblica hallamos lo siguiente en:

> **Juan 1:1-3: "En el principio era el Verbo, y el Verbo era con Dios, y el Verbo era Dios. Éste era en el principio con Dios. Todas las cosas por Él fueron hechas, y sin Él nada de lo que ha sido hecho, fue hecho."**

## El Logos y Dios

Hago referencia a estos versos en Juan 1 porque revela un panorama amplio y explicito. Cuan interesante es que Juan el Apóstol utiliza la misma frase que **Genesis 1:1**, **"En el principio"**, pero expone de manera más directa la actividad Divina previo a la creación. Juan expone que en el principio era el Verbo. Honestamente, me agrada más la versión ingles de este texto, **"In the beginning was the Word..."** Traducido literalmente, **"En el principio era la Palabra..."** El término *Palabra* en este verso se traduce del griego *"logos"*, que literalmente significa *"la expresión de un pensamiento."* ¡Que poderosa implicación! No solo estaba Dios pensando, sino que manifestó u expresó su pensamiento, y esa manifestación u expresión era una perfecta y exacta revelación de Si mismo!

¿Porque haría Dios esto? El Apóstol Pablo revela algo interesante acerca de Dios en:

**1 Timoteo 6:16: "Quien sólo tiene inmortalidad, que habita en luz inaccesible; a quien ninguno de los hombres ha visto ni puede ver: al cual sea la honra y el imperio sempiterno. Amén."**

Dios no puede ser visto por el ojo humano, esto le fue dicho a Moisés en la cumbre del Sinaí y se repite varias veces en las Escrituras. Ese Dios invisible, inaccesible, e intocable, se manifestó de manera visible y palpable, a través del *Logos*. Aunque el filósofo griego Platón hablo del concepto del Logos de acuerdo con la lógica y razón de su tiempo, el Apóstol Juan no usa el concepto platónico, sino que inspirado por el Espíritu Santo escribe a la iglesia y nos hace entender que *el Logos es la autoexpresión completa y absoluta de Dios*. De modo que no solo estaba con Dios, sino que también era Dios. Otra traducción de **Juan 1:1** termina hablando así del Logos: "**...Todo lo que Dios era, la Palabra también lo era.**" Esto nos dice que el Logos era consustancial con Dios, o sea que no había distinción de naturaleza entre el Logos y Dios.

## El Logos y La Creación

Este Logos fue el principio de la creación de Dios según:

> **Colosenses 1:15-17: "El cual es la imagen del Dios invisible, el primogénito de toda criatura. Porque por él fueron creadas todas las cosas que están en los cielos, y que están en la tierra, visibles e invisibles; sean tronos, sean dominios, sean principados, sean potestades; todo fue creado por él y para él. Y él es antes de todas las cosas, y por él todas las cosas subsisten."**

También encontramos en:

> **Apocalipsis 3:14: "Y escribe al ángel de la iglesia en Laodicea: He aquí dice el Amén, el testigo fiel y verdadero, el principio de la creación de Dios."**

Vemos en estos versos términos similares de descripción: "*el primogénito/principio de la creación*." En sentido comparativo, así como el primer hijo es la primera manifestación de su padre, así el Logos fue la primera manifestación del Padre celestial. La palabra griega "*arché*", traducido *principio* en **Apocalipsis 3:14**, se refiere a comienzo o inicio. Estos versos no están diciendo que el Logos era lo primero creado, *sino que la creación comenzó en el Logos*. Un Salmista anónimo confirma esto en:

**Salmos 33:6: "Por la palabra de Jehová fueron hechos los cielos, y todo el ejército de ellos por el espíritu de su boca."**

Ese Logos/Palabra fue el medio por el cual todo entro en existencia. Otro escritor anónimo afirma en:

**Hebreos 11:3: "Por la fe entendemos haber sido constituido el universo por la palabra de Dios, siendo hecho lo que se ve, de lo que no se veía."**

(¿El universo salió de la nada, no es esa la teoría del fallecido ateo y científico Stephen Hawking? ¡La Biblia lo dijo 2,000 años antes, que lo visible salió de lo invisible!)

Podemos ver el momento en que esa palabra fue manifiesta cuando Dios hablo en:

**Genesis 1:3: "Y dijo Dios: Sea la luz; y fue la luz."**

Interesantemente, la ciencia dice que toda creación debe su origen a la luz. ¿Qué fue lo primero que surge en la creación? ¡La luz! ¿Como surgió? ¡Por una declaración verbal de Dios! Y esa declaración verbal Juan la llamo el Logos. El Logos estaba con Dios desde antes de la creación, tuvo participación en ella, y es de la misma sustancia/naturaleza de Dios.

## El Logos y La Sabiduría

¿Entonces si el Logos no fue creado, como vino a ser? Damos gracias a Dios que la Biblia provee la respuesta a esta pregunta y que no nos deja ignorantes. El Rey Salomón revela algo poderoso desde los mismos labios de la sabiduría. Le invito a leerlo detenidamente:

**Proverbios 8:22-36: "Jehová me poseía en el principio de su camino, ya de antiguo, antes de sus obras. Desde la eternidad tuve el principado, desde el principio, antes de la tierra. Antes de**

los abismos fui engendrada; antes que fuesen las fuentes de las muchas aguas. Antes que los montes fuesen fundados, antes de los collados, era yo engendrada: No había aún hecho la tierra, ni los campos, ni el principio del polvo del mundo. Cuando formó los cielos, allí estaba yo; cuando trazó un círculo sobre la faz del abismo; cuando estableció los cielos arriba, cuando afirmó las fuentes del abismo; cuando al mar puso sus límites, para que las aguas no pasasen su mandamiento; cuando estableció los fundamentos de la tierra; Yo estaba con Él, ordenándolo todo; y era su delicia de día en día, regocijándome delante de Él en todo tiempo; regocijándome en la parte habitable de su tierra; teniendo mis delicias con los hijos de los hombres. Ahora pues, hijos, oídme; y bienaventurados los que guardaren mis caminos. Atended el consejo, y sed sabios, y no lo menospreciéis. Bienaventurado el hombre que me oye, velando a mis puertas cada día, aguardando a los umbrales de mis puertas. Porque el que me hallare, hallará la vida, y alcanzará el favor de Jehová. Mas el que peca contra mí, defrauda su alma: Todos los que me aborrecen, aman la muerte."

Observe las siguientes cosas que la sabiduría afirma:

1) *Estaba con Jehová desde el principio, anterior a Sus obras, verso 22*

2) *Fue engendrada, (hebreo "chul" que implica "ser dado a luz"), anterior a la creación, verso 24*

3) *Asistió a Dios en la creación, verso 30*

4) *Los que la oyen son bienaventurados, verso 32*

5) *Los que la hallan, hallan la vida y alcanzan el favor de Jehová, verso 35*

6) *Los que pecan contra ella defraudan su alma, verso 36*

**7)** *Todos los que la aborrecen, aman la muerte, verso 36*

Estas descripciones señalan que la sabiduría no es un algo, sino un alguien. ¡Me imagino que ya lo proclamaste por tus labios, **CRISTO JESUS el HIJO de DIOS**! ¡Absolutamente correcto! Por qué cree usted que cuando Salomón pidió sabiduría Dios le dijo que le añadiría todo lo demás que no había pedido, i.e., ¿riquezas y gloria?

> **1 Reyes 3:13: "Y aun también te he dado las cosas que no pediste, riquezas y gloria: tal, que entre los reyes ninguno haya como tú en todos tus días."**

La respuesta es sencilla, *Salomón estaba pidiendo a Cristo sin saberlo. En Cristo esta todo lo que necesitamos.* Observe lo que Pablo escribe en cuanto a Cristo y la sabiduría:

> **1 Corintios 1:30: "Mas de él sois vosotros en Cristo Jesús, el cual nos ha sido hecho por Dios sabiduría, y justificación, y santificación, y redención."**

> **Colosenses 2:3: "En el cual están escondidos todos los tesoros de sabiduría y conocimiento."**

No hay nada más que buscar. La sabiduría del cual escribió el Rey Salomón, y el Logos del cual habla Juan son lo mismo. Ese Logos/ Sabiduría fue manifiesto en carne, en tiempo y espacio, en la persona de Jesús de Nazaret. Jesús lo afirmó durante su ministerio, que Él era el pan vivo que descendió del cielo:

> **Juan 6:51: "Yo soy el pan vivo que he descendido del cielo: si alguno comiere de este pan, vivirá para siempre; y el pan que yo daré es mi carne, la cual yo daré por la vida del mundo."**

## El Logos y Dios: Hijo y Padre

Observe adicionalmente lo que Jesús afirma en otros dos pasajes en Juan:

**Juan 16:28: "Salí del Padre, y he venido al mundo; otra vez dejo al mundo y voy al Padre."**

**Juan 17:5: "Y ahora, oh, Padre, glorifícame tú contigo mismo, con la gloria que tuve contigo antes que el mundo fuese."**

Jesús salió de Dios, y es la perfecta expresión y explicación de Dios. La relación entre Jesús y Dios es tan íntima que el término que Jesús utilizó durante todo su ministerio para referirse a Dios fue *Padre*.

**Juan 1:14: "Y aquel Verbo fue hecho carne, y habitó entre nosotros (y vimos su gloria, gloria como del unigénito del Padre), lleno de gracia y de verdad."**

Observe también lo que dice Juan en **Juan 1:18: "A Dios nadie le vio jamás: el unigénito Hijo, que está en el seno del Padre, él le declaró."** La palabra *declaró* en este verso viene del griego, *exegeomai*, que literalmente se traduce *"explicó."* Jesús explicó, o hizo exegesis, del Padre en el sentido absoluto y perfecto. *En El, la revelación divina se hizo visible, palpable, y comprensible.*

Pablo hace eco de esta realidad en:

**Colosenses 2:9: "Porque en él (en Cristo) habita toda la plenitud de la divinidad corporalmente."**

El escritor a los Hebreos también contribuye con las siguientes palabras en:

**Hebreos 1:1-3:** "Dios, habiendo hablado muchas veces y en muchas maneras en otro tiempo a los padres por los profetas, en estos postreros días nos ha hablado por su Hijo, a quien constituyó heredero de todo, por el cual asimismo hizo el universo; el cual, siendo el resplandor de su gloria, y la imagen misma de su sustancia, y sustentando todas las cosas con la palabra de su poder, habiendo hecho la expiación de nuestros pecados por sí mismo, se sentó a la diestra de la Majestad en las alturas."

La palabra imagen en este pasaje viene del griego, *"charakter,"* e implica una imagen representativa. Es como tomar un sello y sellar un documento. La imagen que ves en el documento es exactamente como la imagen contenida en el sello.

Podemos también utilizar la ilustración de la copia. Toda copia es una representación del original que se copia. Nunca olvidare la primera vez que mi esposa y yo fuimos a los Archivos Nacionales en Washington, D.C. Estábamos viendo documentos históricos como la Constitución y la Declaración de Independencia. Cuando vimos la declaración, por ejemplo, vimos que, debido a su edad, (229 años para aquel entonces), estaba casi borrado. Las letras apenas eran leíbles. Se podía ver una similitud, pero nada era claro. Afortunadamente, tenían unas copias disponibles que reflejaban el documento en su estado original. Quizás no podíamos ver el documento original en todo su esplendor, pero si podíamos verlo a través de la copia. De igual manera, como se citó hace unos párrafos atrás en **Juan 1:14**, a Dios nadie le ha podido ver, pero Jesús es la imagen y copia perfecto de Él. Por lo tanto, el ver a Jesús, es ver a Dios.

Así que, en la eternidad *"pasada,"* quien hoy conocemos como Jesús de Nazaret era conocido como el Logos, o la Palabra, de Dios. Note como Juan describe a Jesús en su futura segunda venida:

**Apocalipsis 19:13: "Y estaba vestido de una ropa teñida en sangre; y su nombre es llamado EL VERBO DE DIOS."**

## El Logos y la Iglesia

¿Porque he dedicado tantas palabras en este capítulo para hablar bíblicamente de quien es el Logos y cuál fue su función inicial? ¡Porque tu identidad y la mía están en el Logos!

**Colosenses 1:18-20: "y Él es la cabeza del cuerpo, que es la iglesia; el que es el principio, el primogénito de los muertos, para que en todo tenga el primado, por cuanto agradó al Padre que en Él habitase toda plenitud, y por Él reconciliar todas las cosas a si; así las que están en la tierra como las que están en el cielo, haciendo la paz mediante la sangre de su cruz."**

¡Tú y yo estábamos escogidos en El desde antes de la fundación del mundo!

**Efesios 1:4-5: "según nos escogió en Él antes de la fundación del mundo, para que fuésemos santos y sin mancha delante de Él, en amor, habiéndonos predestinado para ser adoptados hijos suyos por medio de Jesucristo, según el beneplácito de su voluntad."**

La Iglesia de Cristo ya era una realidad en la mente de Dios. Ya esa idea divina estaba en función anterior a la creación de todas las cosas. El Logos, al ser manifiesto y ser la expresión del pensamiento de Dios el Padre, contenía el diseño para la Iglesia que un día había de ser manifiesta. Y ese diseño no solo estaba en el Logos, sino que era el mismo Logos:

**Romanos 8:29-30: "Porque a los que antes conoció, también los predestinó para que fuesen hechos conforme**

a la imagen de su Hijo, para que Él sea el primogénito entre muchos hermanos. Y a los que predestinó, a éstos también llamó; y a los que llamó, a éstos también justificó; y a los que justificó, a éstos también glorificó."

Cristo, entonces, es el diseño de la Iglesia, y lo ha sido desde la eternidad. Él es el objetivo, el blanco, el propósito, el ideal, el estandarte, la meta, el destino, y cuantas otras palabras se pudieran añadir para ilustrar la verdad de que Jesús es la regla de medida para nosotros. ¡Fuimos creados en El y para El!

**Efesios 2:10: "Porque somos hechura suya, creados en Cristo Jesús para buenas obras, las cuales Dios preparó de antemano para que anduviésemos en ellas."**

Así que, no hay espacio para el conformismo. Cada vez que nuestro ego humano pueda sentirse satisfecho por los niveles alcanzados, metas logradas, u obras realizadas, lo único que hay que hacer es recordar que Jesús es nuestro objetivo, y ahí nos daremos cuenta de que todavía nos falta más. El estandarte no es otro creyente o ministro, para que nos satisfagamos si es que pensamos que estamos por encima de otro. El estandarte es Jesús, y por encima de Él no podremos estar. Lo único que podemos hacer es ser como El, por el poder de Su Santo Espíritu.

**Mateo 10:25: "Bástale al discípulo ser como su maestro, y al siervo como su señor..."**

## Debemos tener la actitud del Logos

Cuán importante es que tengamos la actitud de Jesús en nosotros. Toda la plenitud de la Deidad está en El. Sin embargo, el nivel de humillación y sometimiento de nuestro Señor fue algo sin precedentes en la historia universal y humana. Es por esto mismo que el Apóstol Pablo nos aconseja en:

**Filipenses 2:5-7: "Haya, pues, en ustedes es que hubo también en Cristo Jesús, el cual, aunque existía en forma de Dios, no consideró el ser igual a Dios como algo a qué aferrarse, sino que se despojó a Sí mismo tomando forma de siervo, haciéndose semejante a los hombres."**

Jesús no era distinto al Padre en naturaleza, ya lo hemos establecido anteriormente. Lo impactante es que en su humanidad siempre reconoció su fuente de origen, como citamos en **Juan 16:28**. Mire como se expresa nuestro Señor:

**Juan 10:30: "Yo y el Padre una cosa somos."**

**Juan 14:28: "Oyeron que les dije: "Me voy, y vendré a ustedes". Si me amaran, se regocijarían, porque voy al Padre, ya que el Padre es mayor que Yo."**

¡Dos poderosas declaraciones! Jesús afirma que El y el Padre son uno, (entendemos que son uno en naturaleza y propósito), pero El reconocía su punto de origen, a tal grado, que aun después de haber resucitado, y aun después de ser glorificado y estar sentado a la diestra del Padre, Él le da la primacía al Padre:

**Juan 20:17: "Jesús le dijo: No me toques; porque aún no he subido a mi Padre; más ve a mis hermanos, y diles: Subo a mi Padre y a vuestro Padre, a mi Dios y a vuestro Dios."**

**Apocalipsis 3:12, 21: "Al que venciere, yo lo haré columna en el templo de mi Dios, y nunca más saldrá de allí; y escribiré sobre él el nombre de mi Dios, y el nombre de la ciudad de mi Dios, la nueva Jerusalén, la cual desciende del cielo, de mi Dios, y mi nombre nuevo. Al que venciere, yo le daré que se siente conmigo en mi trono; así como también yo he vencido, y me he sentado con mi Padre en su trono."**

Nosotros como Iglesia somos hermanos menores de Jesús al ser hechos hijos de Dios por la fe en El, y hemos sido hechos participantes de la naturaleza divina, estando ahora sentados con Jesús en lugares celestiales a la diestra de Dios.

**Efesios 2:6: "y juntamente con Él nos resucitó, y asimismo nos hizo sentar con Él, en lugares celestiales en Cristo Jesús;"**

**Hebreos 2:11-12: "Porque el que santifica y los que son santificados, de uno son todos; por lo cual no se avergüenza de llamarlos hermanos, diciendo: Anunciaré tu nombre a mis hermanos, en medio de la congregación te alabaré."**

**"2 Pedro 1:3-4: "Como todas las cosas que pertenecen a la vida y a la piedad nos han sido dadas por su divino poder, mediante el conocimiento de Aquél que nos ha llamado a gloria y virtud; por medio de las cuales nos ha dado preciosas y grandísimas promesas, para que por ellas fueseis hechos participantes de la naturaleza divina, habiendo huido de la corrupción que hay en el mundo por la concupiscencia."**

¡No debemos permitir que los humos se nos suban a la cabeza y nos olvidemos que los privilegios que tenemos se lo debemos a El! Así como Jesús, debemos mantener en nuestra mente la realidad de donde salimos y para que vinimos, para que el propósito divino sea cumplido a cabalidad en nuestras vidas.

**Lucas 22:42: "Diciendo: Padre, si quieres, pasa de mí esta copa; pero no se haga mi voluntad, sino la tuya."**

**Juan 6:38: "Porque he descendido del cielo, no para hacer mi voluntad, sino la voluntad del que me envió."**

**Colosenses 1:9-10: "Por lo cual también nosotros, desde el día que lo oímos, no cesamos de orar por vosotros, y de pedir que seáis llenos del conocimiento de su voluntad en toda sabiduría y entendimiento espiritual; para que andéis como es digno del Señor, agradándole en todo, llevando fruto en toda buena obra y creciendo en el conocimiento de Dios;"**

Así como Jesús, sabemos quiénes somos y sabemos de dónde vinimos, pero así también como Jesús, no olvidemos a que fuimos enviados y a quien es el que debemos de agradar. Este es el propósito de la Iglesia, reflejar a Jesús.

## Capítulo 2:
# EL ESPÍRITU DE LA PROFECÍA

### Una Visión Nueva

YA QUE JESÚS ES EL DISEÑO DE LA IGLESIA, ESA realidad debiera ser el lente por el cual miramos todas las cosas: nuestras vidas, el mundo que nos rodea, y también la Biblia. Soy un estudiante de las Escrituras, por la gracia de Dios lo he sido desde mi niñez. Pero sigo descubriendo poderosas e impactantes verdades mientras más me sumerjo en ellas, especialmente desde que descubrí la necesidad de quitarme los lentes culturales y denominacionales. Desde que pude remover esos lentes llenos de prejuicios y nociones preconcebidas, he podido ver un panorama distinto al que había tenido anteriormente.

El panorama que había entendido es que la Biblia es el mapa que te lleva al cielo. (Espero no pisarle los zapatos a nadie, porque no es mi intención.) Pero me he dado cuenta de que la Biblia es más bien una receta que contiene instrucciones para obtener un resultado deseado, así como las recetas que consultamos para cocinar alguna comida especifica. ¿Cuál es el resultado deseado? Es el anhelo de Dios de cómo el ser humano debe vivir mientras esté en la tierra. Somos sus representantes aquí en la tierra y hay una prescripción de vida para nosotros. Desde el huerto del Edén vemos a Dios instruyendo al hombre en cómo vivir, y lo vemos en el caso de Adán y Eva.

**Genesis 1:26-30:** "Y dijo Dios: Hagamos al hombre a nuestra imagen, conforme a nuestra semejanza; y señoree sobre los peces del mar, sobre las aves de los cielos, sobre las bestias, sobre toda la tierra, y sobre todo reptil que se arrastra sobre la tierra. Y creó Dios al hombre a su imagen, a imagen de Dios lo creó; varón y hembra los creó. Y los bendijo Dios; y les dijo Dios: Fructificad y multiplicaos, llenad la tierra y sojuzgadla, y señoread sobre los peces del mar, y sobre las aves de los cielos y sobre todas las bestias que se mueven sobre la tierra. Y dijo Dios: He aquí que os he dado toda planta que da semilla, que está sobre la faz de toda la tierra; y todo árbol en que hay fruto de árbol que da semilla, os será para comer. Y os he dado a toda bestia de la tierra, y a todas las aves de los cielos, y a todo lo que se mueve sobre la tierra en que hay vida; y toda planta verde les será para comer. Y fue así."

**Genesis 2:16-17:** "Y mandó Jehová Dios al hombre, diciendo: De todo árbol del huerto libremente podrás comer; pero del árbol del conocimiento del bien y el mal no comerás; porque el día que de él comieres, ciertamente morirás."

## Instrucciones Nuevas para Obras Nuevas

Cada vez que Dios comenzaba una nueva obra en la humanidad le daba instrucciones en cómo evitar futuros fallos y las consecuencias que traen. Lo vemos en varios casos bíblicos:

**1) Noe y la reiniciación de la raza humana después del diluvio:**

Genesis 9:1-7: "Y bendijo Dios a Noé y a sus hijos, y les dijo: Fructificad y multiplicaos, y llenad la tierra. Y el temor y el pavor de vosotros estarán sobre todo animal de la tierra, y sobre toda ave de los cielos, en todo lo que se mueva sobre la tierra, y en todos los peces del mar. En vuestra mano son entregados. Todo lo que se mueve y vive, os será para mantenimiento; así como las legumbres y plantas verdes; os lo he dado todo. Pero carne con su vida, que es su sangre, no comeréis. Porque ciertamente demandaré la sangre de vuestras vidas; de mano de todo animal la demandaré, y de mano del hombre; de mano del varón su hermano demandaré la vida del hombre. El que derramare sangre del hombre, por el hombre su sangre será derramada; porque a imagen de Dios es hecho el hombre. Mas vosotros fructificad, y multiplicaos; procread abundantemente en la tierra, y multiplicaos en ella."

2) Abraham como iniciador de una nueva nación:

Genesis 12:1-3: "Pero Jehová había dicho a Abram: Vete de tu tierra y de tu parentela, y de la casa de tu padre, a la tierra que yo te mostraré; y haré de ti una nación grande, y te bendeciré, y engrandeceré tu nombre, y serás bendición. Y bendeciré a los que te bendijeren, y a los que te maldijeren maldeciré: y serán benditas en ti todas las familias de la tierra."

Genesis 17:1, 9-14: "Y siendo Abram de edad de noventa y nueve años, Jehová apareció a Abram, y le dijo: Yo soy el Dios Todopoderoso; anda delante de mí, y sé perfecto. Y dijo Dios a Abraham: Tú guardarás mi pacto, tú y tu simiente después de ti en sus generaciones. Éste es mi pacto, que guardaréis entre mí y vosotros y tu simiente después de ti: Será circuncidado todo varón de entre vosotros.

Circuncidaréis, pues, la carne de vuestro prepucio, y será por señal del pacto entre mí y vosotros. Y de edad de ocho días será circuncidado todo varón entre vosotros en vuestras generaciones; el nacido en casa, y el comprado por dinero de cualquier extranjero, que no fuere de tu simiente. Debe ser circuncidado el nacido en tu casa, y el comprado por tu dinero; y estará mi pacto en vuestra carne por pacto perpetuo. Y el varón incircunciso que no hubiere circuncidado la carne de su prepucio, aquella persona será borrada de su pueblo; ha violado mi pacto."

3) Moisés y la Ley dada a la nación de Israel:

Deuteronomio 28:1-2: "Y será que, si oyeres diligente la voz de Jehová tu Dios, para guardar y poner por obra todos sus mandamientos que yo te prescribo hoy, también Jehová tu Dios te pondrá en alto sobre todas las naciones de la tierra; Y vendrán sobre ti todas estas bendiciones, y te alcanzarán, cuando oyeres la voz de Jehová tu Dios."

4) Jesús y el Nuevo Pacto:

Lucas 22:20: "Asimismo también el vaso, después que hubo cenado, diciendo: Este vaso es el nuevo pacto en mi sangre, que por vosotros se derrama."

John 13:34-35: "Un mandamiento nuevo os doy: Que os améis unos a otros; como os he amado, que también os améis los unos a los otros. En esto conocerán todos que sois mis discípulos, si tuviereis amor los unos con los otros."

Recordemos que cada vez que Dios le daba instrucciones al ser humano al comenzar una obra nueva, el ser humano fallaba en cumplirla. Fuese Adán, Noe, Abraham, Moisés, los profetas, los reyes, los sacerdotes, quien sea, todos fallaron. Aun los discípulos de Jesús fallaron en cumplir con el nuevo mandamiento que Él les dio. (Y si somos transparentes y honestos, usted y yo 2,000 años después también en ocasiones hemos fallado en cumplir Su mandamiento.)

> **Romanos 3:23: "Por cuanto todos pecaron, y están destituidos de la gloria de Dios;"**

## Jesús, El único

Esa realidad nos lleva a una sola conclusión: que el único que cumplió con los mandamientos de Dios de manera perfecta y absoluta en toda la Biblia fue Jesús. ¡Mis hermanos, ese fue exactamente el propósito de Dios desde un principio! Mostrar a todo hombre y mujer, independientemente de sus habilidades, talentos, dones, capacidades, y logros, como incapaces de poder guardar los mandamientos a perfección, ¡para presentar el diseño perfecto en Jesús! El Hijo de Dios sería el único que pudiera llevar a cabo el plan de Su Padre, y eso demandaría que la única forma en que nosotros los seres humanos pudiéramos agradar a Dios el Padre fuese teniendo fe en Su Hijo y ser reflejos de El cómo Él lo fue de Su Padre.

> **Gálatas 3:22: "Mas encerró la Escritura todo bajo pecado, para que la promesa fuese dada a los creyentes por la fe de Jesucristo."**

Los profetas de la Biblia entendieron que había algo más profundo que las palabras proféticas que salían de sus bocas. Ellos percibían en su espíritu que lo que salía de sus bocas tenía un propósito especifico y ese propósito señalaba hacia una persona específica, uno que había de venir que cumpliría el propósito eterno de Dios con la humanidad. Ellos entendieron que había una razón mayor detrás de sus palabras. Investigaron, preguntaron, especularon, escrudiñaron, y buscaron acerca de ese propósito y quien lo cumpliría, pero se les revelo que ellos no eran los seleccionados para conocer el tiempo o la persona, sino que solamente se les dio el privilegio de anunciar el porvenir y que una futura generación tendría el privilegio de no solo ver, sino también palpar el propósito y la persona. Moisés profetizó esto a la nación de Israel en:

**Deuteronomio 18:15-19: "Profeta de en medio de ti, de tus hermanos, como yo, te levantará Jehová tu Dios: a él oiréis: Conforme a todo lo que pediste a Jehová tu Dios en Horeb el día de la asamblea, diciendo: No vuelva yo a oír la voz de Jehová mi Dios, ni vea yo más este gran fuego, para que no muera. Y Jehová me dijo: Han hablado bien en lo que han dicho. Profeta les levantaré de en medio de sus hermanos, como tú; y pondré mis palabras en su boca, y Él les hablará todo lo que yo le mande. Y sucederá que a cualquiera que no escuche mis palabras que Él ha de hablar en mi nombre, yo lo llamaré a cuentas."**

Observemos lo que nos dicen los Apóstoles Pedro y Juan:

**1 Pedro 1:10-12: "Acerca de esta salvación inquirieron y diligentemente indagaron los profetas que profetizaron de la gracia que había de venir a vosotros, escudriñando cuándo o en qué punto de tiempo indicaba el Espíritu de Cristo que estaba en ellos, cuando prenunciaba los sufrimientos de Cristo, y las glorias después de ellos. A los cuales fue revelado, que no para sí mismos, sino para nosotros, administraban las cosas que ahora os son anunciadas por los que os han predicado el evangelio por**

el Espíritu Santo enviado del cielo; cosas en las cuales desean mirar los ángeles."

1 Juan 1:1-4: "Lo que era desde el principio, lo que hemos oído, lo que hemos visto con nuestros ojos, lo que hemos contemplado y palparon nuestras manos, tocante al Verbo de vida (porque la vida fue manifestada, y la vimos, y testificamos, y os anunciamos aquella vida eterna, la cual estaba con el Padre, y se nos manifestó). Lo que hemos visto y oído, eso os anunciamos, para que también vosotros tengáis comunión con nosotros; y nuestra comunión verdaderamente es con el Padre, y con su Hijo Jesucristo. Y estas cosas os escribimos, para que vuestro gozo sea cumplido."

## Hay que ver a Jesús en todo

Es, por lo tanto, que usted y yo tenemos el gran privilegio de ser testigos y portavoces del evangelio de Cristo. Tenemos una encomienda y asignación que aun los ángeles no tienen. Incluso, a la iglesia se le dio una información y revelación que a ellos no se les ha dado, por lo tanto, ellos participan en nuestras reuniones como oyentes, ¡porque aprenderán cosas que no sabían!

El Apóstol Juan recibe una aclaración exacta sobre cuál es el propósito de la profecía apocalíptica en:

Apocalipsis 19:10: "Y yo me eché a sus pies para adorarle. Y él me dijo: Mira, no lo hagas; yo soy consiervo tuyo, y de tus hermanos que tienen el testimonio de Jesús. Adora a Dios; porque el testimonio de Jesús es el espíritu de la profecía."

Esta verdad aplica no solo al libro de Apocalipsis, sino también a la Biblia entera, porque toda la Biblia señala hacia Jesús, desde el huerto del Edén hasta el tabernáculo de Moisés hasta el templo de Salomón, hasta el Hijo del hombre en el libro de Daniel. ¡Todo señala hacia Jesús!

Debemos tener este lente cuando leemos las Escrituras, para que podamos ver a Cristo en todo. El conocimiento histórico, literal, tradicional, y teológico de las Escrituras, por bueno que sea, es insuficiente. Incluso, si el Espíritu de Cristo no nos ilumina, podemos quedar ciego hasta el punto de perseguir al Señor mismo y a Sus seguidores, convirtiéndonos en réplicas de aquellos que demandaron su crucifixión. Jesús mismo profetizó esto y luego lo vemos en la vida del Apóstol Pablo:

> **Juan 16:2: "Os echarán de las sinagogas; y aun viene la hora cuando cualquiera que os mate, pensará que rinde servicio a Dios."**

> **Hechos 26:9-15: "Yo ciertamente había pensado deber hacer muchas cosas contra el nombre de Jesús de Nazaret; lo cual también hice en Jerusalén, y yo encerré en cárceles a muchos de los santos, habiendo recibido autoridad de los príncipes de los sacerdotes; y cuando los mataron, yo di mi voto. Y muchas veces, castigándolos por todas las sinagogas, los forcé a blasfemar; y enfurecido sobremanera contra ellos, los perseguí hasta en las ciudades extranjeras. Y ocupado en ello, yendo a Damasco con autoridad y comisión de los príncipes de los sacerdotes, al mediodía, oh rey, yendo en el camino vi una luz del cielo, que sobrepasaba el resplandor del sol, iluminando en derredor de mí y de los que iban conmigo. Y habiendo caído todos nosotros en tierra, oí una voz que me hablaba, y decía en lengua hebrea: Saulo, Saulo, ¿por qué me persigues? Dura cosa te es dar coces contra los**

aguijones. Yo entonces dije: ¿Quién eres, Señor? Y Él dijo:
Yo soy Jesús, a quien tú persigues."

Hechos 9:18: "Y al momento le cayeron de los ojos como
escamas, y al instante recobró la vista; y levantándose,
fue bautizado."

## Se nos tienen que caer las escamas

Yo estoy convencido que esas escamas que se le cayeron de
los ojos a Pablo no eran solo físicas, también eran espirituales.
Pablo, siendo fariseo y también discípulo de Gamaliel, conocía
las Escrituras hebreas, (el Tanakh), al revés y al derecho. Conocía
la cultura judía, las tradiciones, las interpretaciones, etc. Incluso,
estoy seguro de que también conocía la ley oral, que según la
tradición rabínica fue dada junto con la ley escrita en el Monte
Sinaí a Moisés. Pero cuando Jesús le ciega los ojos naturales y
le abre los ojos espirituales, entonces Pablo pudo ver a Jesús en
todas las Escrituras que él había conocido. Jesús siempre estuvo
ahí, simplemente Pablo no lo podía ver hasta que recibió la
revelación de Jesús.

Y ahora, al recibir la revelación de Jesús el Cristo, puede ver como
el panorama del diseño divino se desarrolla desde la eternidad:

Romanos 8:29: "Porque a los que antes conoció, también
los predestinó para que fuesen hechos conforme a la
imagen de su Hijo, para que Él sea el primogénito entre
muchos hermanos."

Nosotros como Iglesia, teniendo esta visión Cristo céntrica,
debemos orientar nuestro vocabulario y acciones hacia esa
meta definida, y procurar que Cristo sea la razón detrás de
todo lo que decimos y hacemos. Claro que como humanos que
somos, tenemos una vida familiar, laboral, y cotidiana. No todo

es iglesia o ministerio. Pero Cristo y Sus principios deben ser el fundamento de nuestra vida, para que todo emane desde ahí, y así le glorificaremos aun en lo más mínimo. Observe la actitud y exhortación de Pablo:

> **Colosenses 3:17: "Y todo lo que hacéis, sea de palabra o, de hecho, hacedlo todo en el nombre del Señor Jesús, dando gracias al Dios y Padre por medio de Él."**

Para desarrollar esa visión Cristo céntrica, las escamas se nos tienen que caer a nosotros también. Es fácil hablar de las escamas del pecado, esas las tienen todos los seres humanos hasta que Cristo llegue a sus vidas. Pero que de las escamas culturales, ¿dónde el evangelio se filtra de acuerdo a como piensa mi cultura o la nación o sociedad donde vivo? Que de las escamas denominacionales, donde vemos el evangelio de acuerdo al concilio pentecostal, red apostólica, ¿o denominación protestante al cual pertenecemos o hemos pertenecido? Que de las escamas de las experiencias evangélicas y personales y el conocimiento bíblico personal, que son tan distintas como las huellas digitales en todos nosotros, ¿porque ningunas dos son iguales?

Para poder ser una iglesia unida, debemos tener la misma visión, y eso lo imparte el Espíritu Santo. Dicho sea de paso, el Espíritu Santo jamás impartirá una visión egocéntrica y humanista a la iglesia del Señor. Todo lo que el Espíritu Santo habla y hace gira alrededor de la persona de Jesús y el propósito del Padre. Por eso es que si conocemos estos principios podremos distinguir entre las profecías y palabras que traen los hombres, las que trae el reino de las tinieblas, y las que trae el Espíritu Santo.

## La Iglesia y la profecía

Debido a que vengo de un trasfondo de avivamiento, y que ministro mayormente en iglesias carismáticas/pentecostales, no puedo dejar fuera la importancia del discernimiento espiritual con relación a las profecías.

> **1 Corintios 12:3: "Por tanto, os hago saber que nadie que hable por el Espíritu de Dios, llama anatema a Jesús; y nadie puede llamar a Jesús Señor, sino por el Espíritu Santo."**

Tal parece que en los servicios en la Iglesia de Corinto había personas maldiciendo a Jesús bajo supuestas manifestaciones del Espíritu Santo. El Espíritu Santo siempre señalara y glorificara a Jesús, por lo tanto, toda palabra profética debiera de ser examinada para ver si señala y glorifica a Jesús y los principios bíblicos. Si no hay tal armonía, entonces la palabra profética se tiene que descartar. Las preguntas básicas que debemos hacernos son: *En que glorifica Jesús esta palabra profética que estoy oyendo? A quien trae gloria, a la persona que está profetizando, al que está recibiendo la profecía, ¿o a Jesús?*

Por eso es que no debemos reaccionar automáticamente de manera emocional, sino oír, examinar, y después concluir:

> **1 Corintios 14:29: "Asimismo, los profetas hablen dos o tres, y los demás juzguen."**

> **1 Tesalonicenses 5:19-21: "No apaguéis el Espíritu. No menospreciéis las profecías. Examinadlo todo; retened lo bueno."**

Miremos lo que sucedió en la vida de Nehemías. El oyó una profecía que era contraria al propósito por la cual Dios le había enviado a Jerusalén. Esta es una de las maneras en que podemos distinguir la profecía que viene de Dios y la que no es de Dios. Cuando estamos seguros del propósito y la voluntad de Dios en nuestras vidas, ninguna voz externa podrá convencernos a desviarnos de las instrucciones que hemos recibido por la voz interna del Espíritu Santo en nosotros.

**Nehemías 6:10-12: "Vine luego a casa de Semaías hijo de Delaías, hijo de Mehetabel, porque él estaba encerrado; el cual me dijo: Reunámonos en la casa de Dios dentro del templo, y cerremos las puertas del templo, porque vienen para matarte; sí, esta noche vendrán a matarte. Entonces dije: ¿Un hombre como yo ha de huir? ¿Y quién, que fuera como yo, entraría al templo para salvar su vida? ¡No entraré! Y entendí que Dios no lo había enviado, sino que hablaba aquella profecía contra mí, porque Tobías y Sanbalat le habían alquilado por salario."**

Al oír una profecía, debemos de analizarla por el discernimiento del Espíritu, escudriñando cual sea el propósito detrás de ella. En ocasiones, encontraremos que una porción puede venir de arriba, y otra porción puede ser proveniente de la emoción humana. Ahí se debe aplicar el consejo paulino expresado en el verso que citamos anteriormente en **1 Tesalonicenses 5:21, "Examinadlo todo, retened lo bueno."** Y eso se puede aplicar también a los mensajes y enseñanzas bíblicas que oímos.

No puedo minimizar los efectos de una falsa profecía. Los daños pueden ser catastróficos. La gente a veces pone su fe en profecías que apelan a sus anhelos, sueños, y aun su teología. Una profecía falsa puede llevar al oyente a poner su fe en una palabra que Dios no dijo y que Él no tiene ninguna obligación en cumplir. Esto lleva a frustraciones, decisiones ligeras e insensatas, y hasta la incredulidad que lleva a apartarse del evangelio. Esto no es un cuento que me contaron, es una realidad que he visto con mis propios ojos.

Pero aún más todavía, debemos tener sumo cuidado cuando se trata de una manifestación espiritual que no es de Dios. Por eso Juan aconseja lo siguiente:

**1 Juan 4:1: "Amados, no creáis a todo espíritu, sino probad los espíritus si son de Dios; porque muchos falsos profetas han salido por el mundo."**

El Apóstol Pablo experimentó lo siguiente en la ciudad de Filipos:

**Hechos 16:16-18: "Y aconteció que yendo nosotros a la oración, nos salió al encuentro una muchacha que tenía espíritu de adivinación, la cual daba grande ganancia a sus amos, adivinando. Ésta, siguiendo a Pablo y a nosotros, daba voces, diciendo: Estos hombres son siervos del Dios Altísimo, los cuales nos enseñan el camino de salvación. Y esto lo hizo por muchos días; pero desagradando a Pablo, éste se volvió y dijo al espíritu: Te mando en el nombre de Jesucristo, que salgas de ella. Y salió en la misma hora."**

Te pregunto, amado lector, ¿estaba esta joven diciendo una mentira? ¡No! Ella estaba diciendo una verdad, pero la verdad estaba proviniendo desde una fuente de engaño y manipulación. El espíritu de adivinación que moraba en la joven reconocía quienes eran Pablo y Silas, pero la verdad que el espíritu emitió no cambiaba la naturaleza del espíritu que lo emitió. Quizás este espíritu estaba tratando de lisonjear a los hombres de Dios para buscar comprometerlos. El propósito no lo sabemos, pero si sabemos que Pablo, teniendo discernimiento del Espíritu, sintió desagrado con lo que estaba ocurriendo y ejerció autoridad espiritual en el nombre de Jesús al ordenar al espíritu que saliera de ella. La profecía y manifestación falsa no se puede apoyar ni tolerar. Tiene que ser rechazado y descartado inmediatamente después que se determine que no es de Dios.

¿Qué debemos hacer con la gente que propulsan tales profecías y manifestaciones? Tener misericordia y compasión de ellos. Si operaron en emoción humana, corregirlos con amor y entrenarlos debidamente a como reconocer la voz de Dios y operar sanamente en el don de profecía, (si es que el Espíritu Santo le haya conferido tal don), y enseñarles lo que está escrito en:

**1 Corintios 14:32: "Y los espíritus de los profetas están sujetos a los profetas."**

Si los propulsores estaban atados por espíritus de error o adivinación, hay que orar por ellos por liberación, sabiendo que el reino de Dios es mayor que el reino de las tinieblas, y que hemos recibido poder desde lo alto para expulsar demonios y minimizar sus efectos en el nombre de nuestro Señor Jesús. Aun si hubieran estado en el ocultismo, si realizamos esta labor de liberación con efectividad veremos lo que ocurrió en Éfeso:

**Hechos 19:19 "Asimismo muchos de los que habían practicado la magia, trajeron sus libros, y los quemaron delante de todos..."**

## La Palabra Profética más segura

Si algo entristece mi corazón, es el porcentaje sustancial de creyentes a nivel nacional y mundial, que están en un estado de analfabetismo bíblico. Me lamento que, desde muchos pulpitos, (no todos), los mensajes y las enseñanzas que se están dando están tan desviados de los principios bíblicos que no se sabe si estamos escuchando a un motivador o conferencista secular y humanista o a un pastor. ¿Es necesario tocar temas actuales y cotidianos como pastor o predicador? ¡Seguro que sí! Pero esto se tiene que hacer desde la perspectiva y principios bíblicos, para poder tocar los temas desde el punto de vista Divino. Además, una congregación que no conoce la Biblia no tendrá fundamento firme para su fe, no tendrá respuesta a las preguntas de la sociedad, y terminará siendo influenciada por el mundo en vez de influenciar al mundo.

Es por eso que humildemente hago un llamado a que retornemos a la enseñanza y estudio de la Biblia, tanto desde los pulpitos como en los hogares. En los hogares es que debe de comenzar, y en el pulpito es que debe de terminar, siendo el terreno medio la sociedad que nos rodea en todas las esferas: escuelas, trabajos, etc. No olvidemos lo que Dios dijo por medio del profeta Oseas concerniente al pueblo de Israel:

> **Oseas 4:6: "Mi pueblo fue destruido porque le faltó conocimiento. Porque tú desechaste el conocimiento, yo te echaré del sacerdocio; y porque olvidaste la ley de tu Dios, también yo me olvidaré de tus hijos."**

No hay duda de que el conocimiento de Dios puede venir a través de experiencias personales. La Biblia entera es un registro de experiencias personales que la humanidad ha tenido con Dios desde el principio de la creación, pero también es un manual de referencia llenos de verdades absolutas en las cuales nos podemos apoyar porque trascienden generaciones y son eternas. Es por eso que la máxima autoridad para la Iglesia debe ser las Escrituras, no la experiencia personal. Las experiencias personales pueden variar y hasta pueden causar confusión. En casos extremos, hasta pueden desviar a la gente de la fe bíblica. Como todos los credos de iglesias cristianas serias afirman: *La Biblia es la regla infalible de fe y conducta.* Observemos lo que ella testifica de sí misma:

> **2 Timoteo 3:16-17: "Toda Escritura es dada por inspiración de Dios, y es útil para enseñar, para redargüir, para corregir, para instruir en justicia, para que el hombre de Dios sea perfecto, enteramente preparado para toda buena obra."**

## La Palabra va por encima de la experiencia personal

El Apóstol Pedro, quien anduvo con nuestro Señor por tres años y medio y fue el apóstol a la circuncisión, tuvo innumerables experiencias poderosas con Jesús, pero, aun así, apela a la autoridad escritural:

> **2 Pedro 1:16-21: "Porque no os hemos dado a conocer el poder y la venida de nuestro Señor Jesucristo, siguiendo fábulas artificiosas; sino como habiendo visto con nuestros propios ojos su majestad. Porque Él recibió de Dios Padre honor y gloria, cuando le fue enviada desde la magnífica gloria una gran voz que decía: Éste es mi Hijo amado, en el cual tengo contentamiento. Y nosotros oímos esta voz enviada del cielo, cuando estábamos con Él en el monte santo. Tenemos además la palabra profética más segura, a la cual hacéis bien de estar atentos como a una lámpara que alumbra en lugar oscuro hasta que el día esclarezca, y la estrella de la mañana salga en vuestros corazones; entendiendo primero esto, que ninguna profecía de la Escritura es de interpretación privada; porque la profecía no vino en tiempo pasado por la voluntad del hombre; sino que los santos hombres de Dios hablaron siendo guiados por el Espíritu Santo."**

¿De quién aprendió Pedro esto de apelar a las Escrituras como la palabra profética más segura? ¡De nuestro Señor Jesús! Jesús mismo, siendo el Logos, la Palabra preexistente, el Tora viviente, el Hijo de Dios, Emanuel, (Dios con nosotros, y los títulos y descripciones pudieran seguir), apeló a las Escrituras como autoridad. No hay duda alguna de que a través de los evangelios usó la frase, **"De cierto, de cierto, os digo..."**, ya que Él era la Palabra viviente. Sin embargo, conociendo que las Escrituras tenían las palabras de Su Padre registradas y eran autoritativas para el pueblo judío y para El también en su estado humano, emite palabras como las siguientes:

**Mateo 22:29: "Entonces respondiendo Jesús, les dijo: Erráis, ignorando las Escrituras, y el poder de Dios."**

**Lucas 4:21: "Y comenzó a decirles: Hoy se ha cumplido esta Escritura en vuestros oídos."**

**Juan 5:39: "Escudriñad las Escrituras; porque a vosotros os parece que en ellas tenéis la vida eterna; y ellas son las que dan testimonio de mí."**

**Juan 7:38: "El que cree en mí, como dice la Escritura, de su interior correrán ríos de agua viva."**

**Juan 10:35: "Si llamó dioses a aquellos a quienes vino la palabra de Dios (y la Escritura no puede ser quebrantada),"**

**Juan 13:18: "No hablo de todos vosotros; yo conozco a los que he escogido; más para que se cumpla la Escritura: El que come pan conmigo, levantó contra mí su calcañar."**

**Juan 17:12: "Cuando estaba con ellos en el mundo, yo los guardaba en tu nombre; a los que me diste yo los guardé; y ninguno de ellos se perdió, sino el hijo de perdición; para que la Escritura se cumpliese."**

Si nuestro Señor Jesús, siendo la Palabra viviente, leyó, estudió, memorizó, citó, y apeló a las Escrituras durante su ministerio terrenal, cuanto más nosotros debemos apelar a ellas como fuente de fe, enseñanza, ¿y formación cristiana?

Cuando oímos cualquier exposición bíblica, debemos seguir el ejemplo de los bereanos para probar si lo que oímos es bíblico o no:

**Hechos 17:11: "Y éstos eran más nobles que los que estaban en Tesalónica, pues recibieron la palabra con**

toda solicitud, escudriñando cada día las Escrituras para ver si estas cosas eran así."

Podemos librarnos de falsas enseñanzas, falsos profetas y maestros, y la corrupción espiritual y eclesiástica si conocemos las Escrituras. No es necesario tener un grado teológico para ser salvo, ungido, ni llamado al ministerio, pero como predicarás, testificarás, ¿y enseñarás efectivamente a otros concerniente al Dios de la Biblia si no conoces a la Biblia de Dios?

## La Iglesia y Su Propósito Profético

Ya que sabemos que Jesús es el propósito de la Iglesia desde la eternidad, entonces realicemos que es imperativo que manifestemos ese propósito. Una de las maneras que podemos manifestar nuestro propósito es mediante el aspecto profético. Lamentablemente muchos limitan la profecía a la predicción del futuro, o la revelación sobrenatural de hechos y datos escondidos o no conocidos. Pero ya que hemos comprobado que la profecía más segura es la Biblia, hagamos nota de la comisión de los apóstoles:

**Mateo 28:18-20: "Y Jesús vino y les habló, diciendo: Toda potestad me es dada en el cielo y en la tierra. Por tanto, id, y haced discipulos a todas las naciones, bautizándoles en el nombre del Padre, y del Hijo, y del Espíritu Santo; enseñándoles que guarden todas las cosas que os he mandado; y he aquí yo estoy con vosotros todos los días, hasta el fin del mundo. Amén."**

Observe que Jesús hablo del discipulado en términos de enseñanza, ya que la palabra discípulo es traducido del griego, "*mathetes*," y significa aprendiz, alumno, estudiante, etc. ¿Qué es lo que se va a enseñar a los discípulos para que lo guarden? ¡Todas las cosas que Jesús mandó!! ¿Y dónde encontraras aquello que El ordeno? ¡En el registro bíblico! Si no tenemos conocimiento bíblico, no podremos cumplir efectivamente la orden de hacer discípulos.

La predicación del evangelio también es esencial. Debe ser hecha con pasión y conocimiento bíblico, porque logrará convencer a muchos oyentes. Fervor sin preparación y formación es un desastre potencial, por lo que es necesario ser formado por la enseñanza y entrenamiento bíblico, y sobre todo el poder de Dios.

**Hechos 18:24-28: "Y cierto judío llamado Apolos, natural de Alejandría, varón elocuente, poderoso en las Escrituras, vino a Éfeso. Éste había sido instruido en el camino del Señor; y siendo ferviente de espíritu, hablaba y enseñaba diligentemente lo concerniente al Señor, aunque sólo conocía el bautismo de Juan. Y comenzó a hablar con denuedo en la sinagoga; y cuando Aquila y Priscila le oyeron, le tomaron aparte y le expusieron con más exactitud el camino de Dios. Y queriendo él pasar a Acaya, los hermanos escribieron, exhortando a los discípulos que le recibiesen; y cuando él llegó, ayudó mucho a los que por la gracia habían creído. Porque con gran vehemencia convencía públicamente a los judíos, demostrando por las Escrituras que Jesús era el Cristo."**

La predicación debe también ir acompañado con poder para que los que no crean a la palabra predicada, puedan ser convencidos por las obras de poder. He visto a gente convertirse en nuestras actividades como resultado de algún milagro o señal que el Señor ha hecho. Mientras lo ideal y correcto es que crean por la palabra predicada, recuerda que no todos responden de la misma manera, y que las señales confirman lo que la palabra anuncia, y por lo tanto sea por el oír o por el ver, la gente puede venir rendido a los pies de Jesús. Aun las señales están claramente expuestas y descritas en la Biblia:

**Marcos 16:15-18: "Y les dijo: Id por todo el mundo y predicad el evangelio a toda criatura. El que creyere y fuere bautizado, será salvo; más el que no creyere, será condenado. Y estas señales seguirán a los que creen: En mi nombre echarán fuera demonios; hablarán nuevas lenguas; tomarán serpientes; y si bebieren cosa mortífera, no les dañará; sobre los enfermos pondrán sus manos y sanarán."**

Se que hay un grupo de eruditos de la crítica textual que afirman que los últimos 12 versos de **Marcos 16** no aparecen en los manuscritos más antiguos, y que fueron añadidos en traducciones posteriores. Pero aun si ese fuese nuestra convicción general, el libro de los Hechos registra todas estas señales en la Iglesia primitiva, por lo tanto, por lo menos en el caso de este servidor, utilizo estos versos como fuente fidedigna.

En conjunto a la enseñanza, a la predica, y a las señales, nuestra transformación por el poder de Cristo debe ser también una evidencia ante los ojos de los demás. Mire lo que el Apóstol Pedro dice:

**1 Pedro 2:9-10: "Mas vosotros sois linaje escogido, real sacerdocio, nación santa, pueblo adquirido; para que anunciéis las virtudes de Aquel que os llamó de las tinieblas a su luz admirable. Vosotros, que en tiempo pasado no erais pueblo, mas ahora sois el pueblo de Dios; que no habíais alcanzado misericordia, pero ahora habéis alcanzado misericordia."**

Si el Señor nos llamó de las tinieblas a su luz admirable, entonces eso implica que nuestro nuevo estado será distinto a nuestro estado anterior:

**2 Corintios 5:17: "De modo que si alguno está en Cristo, nueva criatura es; las cosas viejas pasaron; he aquí todas son hechas nuevas."**

Un carácter regenerado y transformado será una señal de la efectividad del poder de Dios en nosotros.

**1 Corintios 6:9-11: "¿No sabéis que los injustos no heredarán el reino de Dios? No os engañéis: Ni los fornicarios, ni los idólatras, ni los adúlteros, ni los afeminados, ni los que se echan con varones, ni los ladrones, ni los avaros, ni los borrachos, ni los maldicientes, ni los estafadores, heredarán el reino de Dios. Y esto erais algunos de vosotros; más ya sois lavados, ya sois santificados, ya sois justificados en el nombre del Señor Jesús, y por el Espíritu de nuestro Dios."**

**Efesios 5:8: "Porque en otro tiempo erais tinieblas, mas ahora sois luz en el Señor: Andad como hijos de luz."**

Partiendo de este último verso que citamos, vemos que tenemos una responsabilidad, y es de hacer la diferencia en el mundo que nos rodea, con una conducta que ilumine el camino a otros que están en tinieblas. Ese es el propósito de la Iglesia, iluminar al mundo con la luz de Cristo, siendo reflejos de Aquel que es la luz del mundo.

**Mateo 5:14: "Vosotros sois la luz del mundo. Una ciudad asentada sobre un monte no se puede esconder."**

**Juan 8:12: "Y otra vez Jesús les habló, diciendo: Yo soy la luz del mundo; el que me sigue, no andará en tinieblas, más tendrá la luz de la vida."**

# Capítulo 3:
# SU ENCARNACIÓN

## Dios no tiene un Plan B

LA ENCARNACIÓN DE LA PALABRA DE DIOS NO fue un Plan B. Personalmente, no creo que Dios opera bajo ningún otro plan que no sea Su plan original. Si escudriñamos las Escrituras, veremos que aun cuando los seres humanos, (o aun los ángeles), desobedecieron y se salieron de la voluntad de Dios, Dios reorientó las cosas para que Su plan original continuase, aunque fuera con otros individuos que no eran los originales con los cuales El comenzó Su plan.

Hay abundantes ejemplos de esta realidad. ¿Una tercera parte de los ángeles se rebelan junto a Satanás en el principio? Queda un Miguel y un Gabriel, y muchísimos otros ángeles sujetos a la voluntad de Dios. ¿El Rey Saul no quiso obedecer las instrucciones divinas? Dios levanta a un David. ¿Un profeta Elías se cansa y no quiere seguir más? Dios levanta a un Eliseo. La obra y el plan de Dios no se detiene por nada ni por nadie. El hará los ajustes necesarios para continuar con Su plan. Dios no se deprime y sienta a llorar porque alguien decidió no ser parte de o continuar en la labor que Él les encomendó.

Dios no es un Dios estacionario. Él está en un constante mover por Su Espíritu, y lo vemos desde el principio cuando en **Genesis 1:2** Moisés termina el verso diciendo **"...y el Espíritu de Dios se movía sobre la faz de las aguas."** Ese mismo Espíritu se mueve para convencer al hombre concerniente a los planes y propósitos de Dios, pero cuando el hombre se niega a responder a ese mover, el Espíritu no se detendrá en espera, se moverá en otra dirección. No dudamos que le duele ver a Su creación rebelarse contra Su plan, pero El busca la manera de que Su plan siga hacia adelante. Recuerde lo sucedido en **Genesis 6** y **1 Samuel 16**:

> **Genesis 6:3, 5-8: "Y dijo Jehová: No contenderá mi Espíritu con el hombre para siempre, porque ciertamente él es carne; más serán sus días ciento veinte años. Y vio Jehová que la maldad de los hombres era mucha en la tierra, y que todo designio de los pensamientos del corazón de ellos era de continuo solamente el mal. Y se arrepintió Jehová de haber hecho hombre en la tierra, y le pesó en su corazón. Y dijo Jehová: Raeré de sobre la faz de la tierra, a los hombres que he creado, desde el hombre hasta la bestia, y hasta el reptil y las aves del cielo, porque me arrepiento de haberlos hecho. Pero Noé halló gracia en los ojos de Jehová."**

> **1 Samuel 16:1: "Y Jehová dijo a Samuel: ¿Hasta cuándo has tú de llorar por Saúl, habiéndolo yo desechado para que no reine sobre Israel? Llena tu cuerno de aceite, y ven; yo te enviaré a Isaí, de Belén; porque de sus hijos me he provisto de rey."**

Cuando la generación antediluviana no respondió al propósito de Dios, Dios halló un hombre llamado Noe para que lo continuara sobre la tierra. Cuando Saul desobedeció desafiantemente a Dios en más de una ocasión, Dios entonces lo desecha y se busca a

David. Y me impacta el hecho de que Dios no solo insta a Samuel a terminar el luto emocional que guardaba por el Rey Saul, sino que le ordenó a levantarse de la silla de duelo y lanzarse hacia el futuro. Dios hace una indicación que El ni siquiera estaba con Samuel en su casa. Observe que le dice: **"Ven."** Si mi gramática española esta correcta, la orden **"Ven"** implica que Dios le estaba hablando desde donde Él estaba, no desde donde Samuel estaba. Samuel estaba en el pasado, doliéndose de remordimiento por lo que no se pudo lograr con Saul, pero Dios estaba en el futuro, buscando a un David que era conforme a Su corazón. Por lo tanto, Dios estaba invitando al profeta a unirse a Él, ¡como también nos invita a nosotros a salir de nuestro pasado para abrazar y participar en el futuro que Él tiene para nosotros en Cristo!

Recordemos también, que el Rey Saul era de la tribu de Benjamín, mientras David era de la tribu de Judá. Jacob el patriarca había profetizado que su hijo Judá y su descendencia serían los que producirían la línea real de la nación de Israel:

**Genesis 49:1, 10: "Y llamó Jacob a sus hijos, y dijo: Juntaos, y os declararé lo que os ha de acontecer en los postreros días. No será quitado el cetro de Judá, ni el legislador de entre sus pies, hasta que venga Silo; y a él se congregarán los pueblos."**

Y de la descendencia del Rey David vendría el Mesías, cuyo reino seria eterno:

**2 Samuel 7:16: "Y será afirmada tu casa y tu reino para siempre delante de tu rostro; y tu trono será estable eternamente."**

**Daniel 7:13-14: "Miraba yo en la visión de la noche, y he aquí en las nubes del cielo uno como el Hijo del Hombre que venía, y llegó hasta el Anciano de días, y le hicieron**

**llegar delante de Él. Y le fue dado dominio, gloria y reino, para que todos los pueblos, naciones y lenguas le sirvieran; su dominio es dominio eterno, que no pasará, y su reino uno que no será destruido."**

Entonces el removimiento de Saul era necesario para que se cumpliese el propósito profético de Dios mediante la tribu de Judá. Saul fue lo que el pueblo de Israel pidió, David fue lo que Dios escogió. Por lo tanto, debemos de hacernos la siguiente pregunta, *"Que voluntad quiero que sea realizada en mi vida, la mía, ¿o la de Dios?"* Si nosotros persistimos en irnos en contra de Su voluntad, Dios también puede echarnos a un lado, y buscar a otros que se sujeten a Sus planes. Esta realidad no hace a Dios cruel, lo hace responsable, como cualquiera de nosotros que emprende una labor y se esfuerza para verlo realizado, aunque eso implique tener que deshacernos de relaciones que estorben ese plan, aunque los amemos. Usted me dirá: *"Pero hermano Joel, nosotros no estamos bajo la ley, sino bajo la gracia, ¡ya Dios no opera así!"* Mi respuesta es lo siguiente que escribe Pablo:

**1 Corintios 3:13-15: "la obra de cada uno se hará manifiesta; porque el día la declarará; porque por el fuego será revelada; y la obra de cada uno cuál sea, el fuego la probará. Si permaneciere la obra de alguno que sobreedificó, recibirá recompensa. Si la obra de alguno fuere quemada, sufrirá pérdida; si bien él mismo será salvo, aun así, como por fuego."**

Nuestras acciones como creyentes redimidos por Cristo siguen teniendo consecuencias. Aunque esas consecuencias no sean eternas, todavía podrán determinar cuál será nuestra recompensa en el más allá. Yo entiendo perfectamente que la salvación es lo más importante, pero eso no debe tornarnos negligentes, vagos, e irresponsables. No resistamos al Espíritu Santo cuando nos toca, cuando nos redarguye, y cuando nos mueve, a cumplir con la asignación del Padre. El Padre nos dio el Espíritu Santo no solo para sellar nuestra salvación, sino también para guiarnos a Su voluntad en la vida presente, por lo tanto, debemos seguir el consejo paulino:

**Efesios 4:30: "Y no contristéis al Espíritu Santo de Dios, con el cual estáis sellados para el día de la redención."**

## Dios tiene todo calculado

Es por eso que vemos la respuesta contundente de Dios ante la desobediencia de la primera pareja. Ellos tendrían que enfrentar las consecuencias de sus acciones, pero había esperanza aun en medio de la pronunciación divina concerniente a las consecuencias del pecado. Dios levantaría un descendiente humano que arreglaría lo que Adán y Eva acababan de dañar. Dios levantaría un ser humano que restauraría las cosas y vencería a la serpiente que había vencido a la primera pareja. Veamos la primera promesa de redención en:

**Genesis 3:15: "Y enemistad pondré entre ti y la mujer, y entre tu simiente y la simiente suya; ésta te herirá en la cabeza, y tú le herirás en el calcañar."**

Sin duda alguna, no solo Adán y Eva escucharon esta palabra, sino que la serpiente la escucho también. Por eso no debe ser sorprendente lo que luego sucedería con Moisés y la persecución que el Faraón de Egipto levanto contra los niños hebreos. La simiente, (implica *descendencia* en este verso), de la serpiente le estaba haciendo guerra a la simiente de la mujer. Mas luego vemos lo mismo con nuestro Señor Jesús y la persecución que el Rey Herodes levanta contra los niños en Judea.

La simiente de la serpiente siempre intentó matar a la simiente de la mujer, y todavía lo sigue intentando. Bíblica e históricamente, vemos la persecución de los profetas, la persecución de la Iglesia, y de los justos en general, hasta hoy en día. Lo estamos viendo actualmente con las persecuciones contra la iglesia en países que han restringido el avance del evangelio, hasta el punto de encarcelar y aun asesinar a los creyentes. Como creyentes no nos puede sorprender cuando recibimos ataques, sean desde afuera o sean desde adentro. Confiemos en Dios, porque Su plan es perfecto y Él siempre ejecutará lo que Él ha dicho.

## Una sola simiente

La fidelidad de Dios es perfecta, continua, y absoluta. Por eso es que el nacimiento de nuestro Señor Jesús no fue un accidente o un Plan B, siempre fue el ideal de Dios desde la eternidad, al igual que el cumplimiento de una promesa dada no solo a Adán y Eva, sino también al patriarca Abraham:

> **Gálatas 3:16: "A Abraham fueron hechas las promesas, y a su simiente. No dice: Y a las simientes, como de muchos; sino como de uno: Y a tu simiente, la cual es Cristo."**

El hecho de que se le había prometido a Abraham que en su simiente serian benditas todas las familias de la tierra, nos lleva a concluir que en Cristo hay reconciliación no solamente para la humanidad con su Creador, sino que también hay reconciliación étnica los unos con los otros. Esto es sumamente importante dado la tensión racial que existe hoy en muchos países. Cristo derribo la pared intermediaria de separación entre judíos y gentiles:

> **Efesios 2:14-16: "Porque Él es nuestra paz, que de ambos hizo uno, derribando la pared intermedia de separación; aboliendo en su carne las enemistades, la ley de los mandamientos contenidos en ordenanzas, para hacer en**

sí mismo de los dos un nuevo hombre, haciendo así la paz; y reconciliar con Dios a ambos en un cuerpo mediante la cruz, matando en sí mismo las enemistades."

Los gentiles son visto como una gran liga de naciones de no-judíos, que son injertados como olivos silvestres según:

**Romanos 11:17-18: "Y si algunas de las ramas fueron quebradas, y tú, siendo olivo silvestre fuiste injertado entre ellas, y fuiste hecho partícipe con ellas de la raíz y de la savia del olivo; no te jactes contra las ramas. Y si te jactas, sabe que no sustentas tú a la raíz, sino la raíz a ti."**

¡Cuán precioso, cuan maravilloso! ¡En Cristo, todas las razas étnicas están reunidas y vistos como un gran olivo! No importa el color de la piel, el trasfondo cultural, el país de procedencia o ciudadanía, si estamos en Cristo, el Padre nos ve a todos como Sus hijos, ¡porque nos ve ESPIRITUALMENTE! Ese es el factor determinante en el cuerpo de Cristo, que todos son llamados a salvación, y son vistos por el Padre a través de Jesús, porque el Padre no discrimina de acuerdo a etnicidad. Miremos lo que dice Pablo:

**1 Timoteo 2:4: "el cual quiere que todos los hombres sean salvos, y vengan al conocimiento de la verdad."**

Evaluando esta realidad de que toda la humanidad es llamado a ser familia de Dios en Cristo, tenemos que también entender que Dios hace a la Iglesia partícipe de Su naturaleza divina por la redención de la sangre de Su Hijo y el poder de Su Santo Espíritu. En otras palabras, al rendirnos al señorío de Jesús, no solo somos perdonados y limpiados por Su sangre, sino también somos empoderados por el Espíritu Santo para vivir la vida de acuerdo con el carácter de Cristo, quien ya hemos establecido que fue de agrado al Padre en todo. Dios nos confiere la naturaleza de Su Hijo, (que es también Su naturaleza, pues son consustanciales juntos con el Espíritu Santo), y por lo tanto podemos ser reflejos de Jesús en la tierra.

## La Regeneración

Todos estos detalles de los cuales estamos hablando se pueden resumir en una sola palabra: **REGENERACION**. Esta palabra significa literalmente, *"nacer de nuevo."* Si tenemos que nacer de nuevo, entonces por supuesto que tenemos que hacerlo a la manera de Jesús, pues somos Su cuerpo y Sus representantes. El nacimiento de Jesús conlleva varios factores, comenzando con la realidad siguiente: que Jesús tenía la genética divina, teniendo la naturaleza de Dios en El.

> **1 Juan 3:9 "Cualquiera que es nacido de Dios, no hace pecado, porque su simiente está en él; y no puede pecar, porque es nacido de Dios."**

Cito este verso por el principio que establece, que todo hijo de Dios tiene la simiente, (implica *naturaleza* en este verso), de Dios en él, y, por lo tanto, actuara como el Dios que le engendró. La palabra simiente en este verso viene del griego *"sperma"*, de donde viene nuestra palabra latina *esperma*. En el aspecto natural, la esperma es la sustancia varonil que produce hijos, cuando fecunda el ovulo femenino y así comienza el desarrollo de otro ser humano. Al pesar de no ser un biólogo, si estudié suficiente biología para saber que todo hijo(a) tiene la naturaleza de su padre y madre en él o ella, mediante el proceso de transmisión genética. A pesar de que la criatura tendrá personalidad propia, reflejará a sus padres en porciones de su carácter y también en el aspecto físico porque tendrá características físicas de sus padres al igual que características emocionales.

De la misma manera que esto es cierto en lo natural, también lo es en lo espiritual. Todo hijo(a) de Dios tendrá la naturaleza de Dios en él o ella, y por lo tanto reflejará a Dios en alguna manera u otra, porque, así como no todos los hijos reflejan a sus padres en todo, asimismo no todos los creyentes reflejan a Dios de la misma manera, pero algo de El sí reflejarán. Una de las características de Dios que reflejarán todos Sus hijos es Su pureza. El verso anterior dice que los que nacen de Dios no pueden pecar. Este vocablo en griego está en tenso continuo, y se da entender de la siguiente manera: *que el que es nacido de Dios no continúa practicando el pecado*. O sea, no lo convierte en estilo de vida. De que habrá momentos en que podrá tropezar, por descuido o negligencia, si los habrá. Pero seguir pecando de manera desenfrenada sin ningún remordimiento, no.

¡Cuán importante es el nacer de Dios! Tenemos un adversario que nos tienta como lo hizo con Jesús. Pero aún más peligroso es nuestra naturaleza caída, la cual es atraído y seducido por lo que este mundo ofrece. Es estéril intentar de vencer la tentación con una naturaleza caída, porque no se tendrá el poder para vencer la atracción a lo indebido. Por eso es que necesitamos la experiencia de la regeneración, porque es lo único que garantiza nuestra victoria sobre la tentación.

1 Juan 5:4: **"Porque todo lo que es nacido de Dios vence al mundo; y ésta es la victoria que ha vencido al mundo, nuestra fe."**

## Jesús, nacido de Dios, de una mujer, y bajo la Ley

Si lo que hemos hablado es cierto de nosotros como hijos(as) de Dios, cuanto más será cierto de nuestro hermano mayor, ¿Jesús? Ya hemos citado versos en el capítulo 1 de este libro que lo describen como la imagen del Dios invisible, como Aquel que ha dado a conocer al Dios que nadie ha visto. Por lo tanto, ya sabemos que en El habita toda la plenitud de la Deidad. Observemos lo que dicen los siguientes versos:

**Hebreos 2:14-18: "Así que, por cuanto los hijos participaron de carne y sangre, él también participó de lo mismo, para destruir por la muerte al que tenía el imperio de la muerte, es a saber, al diablo, Y librar a los que por el temor de la muerte estaban por toda la vida sujetos a servidumbre. Porque ciertamente no tomó a los ángeles, sino a la simiente de Abraham tomó. Por lo cual, debía ser en todo semejante a los hermanos, para venir a ser misericordioso y fiel Pontífice en lo que es para con Dios, para expiar los pecados del pueblo. Porque en cuanto él mismo padeció siendo tentado, es poderoso para socorrer a los que son tentados."**

**Hebreos 4:15: "Porque no tenemos un Sumo Sacerdote que no pueda compadecerse de nuestras flaquezas; sino uno que fue tentado en todo según nuestra semejanza, pero sin pecado."**

Obviamente en estos versos encontramos que nuestro hermano mayor pudo vencer todas las tentaciones que enfrentó. Jesús tenía la simiente/naturaleza de Dios en El. Y es debido a esa realidad que pudo resistir todas las tentaciones que enfrentó. Desde las experiencias en el desierto mientras Satanás lo tentaba, hasta estando crucificado cuando la multitud le presionaba a bajarse de la cruz, todas las tentaciones las pudo vencer porque tenía la naturaleza del Padre en El. De la misma manera, cuando nosotros los creyentes tenemos esa naturaleza en nosotros, podemos vencer las tentaciones como Jesús las venció. Las tentaciones son parte de la vida, lo que nosotros podemos controlar es nuestra reacción a ellas, y hay una gloriosa promesa para aquellos que vencen las tentaciones:

**Santiago 1:12: "Bienaventurado el varón que soporta la tentación; porque cuando hubiere sido probado, recibirá la corona de vida, que el Señor ha prometido a los que le aman."**

Solo Jesús pudo vencer todas las tentaciones. El resto de nosotros hemos sucumbido en algún momento u otro. Pero podemos utilizar nuestras experiencias negativas para enseñar a otros, y además el verso que citamos en **Hebreos 4:15** nos dice que Jesús, nuestro sumo sacerdote, se compadece de nuestras flaquezas. Hay esperanza en El, hay perdón y misericordia en El, ¡y hay victoria en El!

También tenemos que señalar la manera en que nuestro Señor, en su experiencia humana, tuvo la naturaleza divina en El: ¡fue engendrado por el Espíritu Santo! Observe los relatos en Mateo y Lucas:

**Mateo 1:18-23: "Y el nacimiento de Jesucristo fue así: Que siendo María su madre desposada con José, antes que se juntasen, se halló haber concebido del Espíritu Santo. Y José su marido, como era justo, y no quisiese infamarla, quiso dejarla secretamente. Y pensando él en esto, he aquí el ángel del Señor le aparece en sueños, diciendo: José, hijo de David, no temas de recibir a María tu mujer, porque lo que en ella es engendrado, del Espíritu Santo es. Y parirá un hijo, y llamarás su nombre JESUS, porque él salvará a su pueblo de sus pecados. Todo esto aconteció para que se cumpliese lo que fue dicho por el Señor, por el profeta que dijo: He aquí la virgen concebirá y parirá un hijo, y llamarás su nombre Emmanuel, que, declarado, es: Dios con nosotros."**

> **Lucas 1:30-35:** "Entonces el ángel le dijo: María, no temas, porque has hallado gracia cerca de Dios. Y he aquí, concebirás en tu seno, y parirás un hijo, y llamarás su nombre JESUS. Este será grande, y será llamado Hijo del Altísimo: y le dará el Señor Dios el trono de David su padre: Y reinará en la casa de Jacob por siempre; y de su reino no habrá fin. Entonces María dijo al ángel: ¿Cómo será esto? porque no conozco varón. Y respondiendo el ángel le dijo: El Espíritu Santo vendrá sobre ti, y la virtud del Altísimo te hará sombra; por lo cual también lo Santo que nacerá, será llamado Hijo de Dios."

Estos dos pasajes poderosos nos describen la manera en la cual nuestro Señor Jesús vino a ser en Su existencia terrenal. Es importante notar que estos dos evangelios, (que en conjunto con el evangelio de Marcos son conocidos como los evangelios sinópticos), están en total acuerdo en cómo la encarnación del Verbo/Palabra ocurrió. Algunos solo citan el verso encontrado en el evangelio de Juan:

> **Juan 1:14:** "Y el Verbo fue hecho carne, y habitó entre nosotros (y vimos su gloria, gloria como del unigénito del Padre), lleno de gracia y de verdad."

Si no tuviéramos los evangelios de Mateo y Lucas para arrojarnos luz en cuanto a cómo el Verbo fue hecho carne, cualquiera pudiera suponer que el Verbo descendió del cielo y puf, se convirtió en hombre. La mitología griega está llena de tales casos donde dioses descienden y toman forma de hombre. Aun en el Antiguo Testamento, ángeles de Dios tomaban forma humana como en el caso de **Genesis 18**. Pero en cuanto a nuestro Señor, los detalles son claros; fue engendrado por el Espíritu Santo y nació de mujer, de una joven virgen, comprometida con otro joven llamado José. Miremos el testimonio paulino en:

**Gálatas 4:4: "Pero cuando vino la plenitud del tiempo, Dios envió a Su Hijo, nacido de mujer, nacido bajo la ley."**

Al ser engendrado por el Espíritu Santo, Jesús tendría la naturaleza divina en El, y al nacer de mujer, tendría naturaleza humana. Es por eso que la teología ortodoxa concluiría luego en la historia que Jesús tenía dos naturalezas. Como ocurrió esa concepción todavía es un misterio. Por supuesto, no proponemos la idea blasfema de que el Espíritu Santo tuvo relaciones sexuales con María. Si fue que el Espíritu Santo fecundó el ovulo femenino con Su poder, o si fue que tomó el Logos y lo implantó en el vientre de María de manera parecida a la fertilización invitro, es algo que sabremos en la eternidad con el Señor. Lo que sí sabemos es que aun el Apóstol Pablo consideró la encarnación un misterio:

**1 Timoteo 3:16: "E indiscutiblemente, grande es el misterio de la piedad: Él fue manifestado en la carne, Vindicado en el Espíritu, Contemplado por ángeles, Proclamado entre las naciones, Creído en el mundo, Recibido arriba en gloria."**

No solo nuestro Señor nació de mujer como relata **Gálatas 4:4**, sino que también nació en sujeción a los mandamientos de Su Padre. La palabra ley, traducido del hebreo **"torah,"** se traduce literalmente, **"instrucciones o direcciones."** Esta traducción literal sugiere una idea muy distinta a la que algunos teólogos implican. Para algunos de ellos, la ley de Dios es más bien una carga, que es imposible de guardar y que mata a quien lo intenta, pero en si la ley de Dios no era el problema, sino nuestra naturaleza caída. Ponga atención a lo que escribe el Apóstol Pablo:

**Romanos 7:14, 22-23: "Porque sabemos que la ley es espiritual, pero yo soy carnal, vendido a la esclavitud del pecado. Porque en el hombre interior me deleito**

con la ley de Dios, pero veo otra ley en los miembros de mi cuerpo que hace guerra contra la ley de mi mente, y me hace prisionero de la ley del pecado que está en mis miembros."

Instrucciones son una serie de pasos que hay que tomar para poder obtener un resultado deseado. ¡Eso es exactamente lo que es la ley de Dios! Esa ley es una serie de instrucciones para poder disfrutar y preservar la vida plena y bendecida que Dios desea que todo ser humano tenga, comenzando con la nación de Israel. ¡Jesús no vino a deshacer esa ley, sino a obedecerla a perfección! Y no solo la obedeció a perfección, sino que la simplificó, resumiendo 613 mandamientos en dos, y esas dos se cumplen amando, como nuestro Señor lo resume y luego Pablo afirma:

Mateo 5:17: "No penséis que he venido para abrogar la ley o los profetas: no he venido para abrogar, sino a cumplir."

Mateo 22:35-40: "Uno de ellos, intérprete de la ley, para poner a prueba a Jesús, le preguntó: Maestro, ¿cuál es el gran mandamiento de la ley? Y Él le contestó: AMARÁS AL SEÑOR TU DIOS CON TODO TU CORAZÓN, Y CON TODA TU ALMA, Y CON TODA TU MENTE. Este es el grande y primer mandamiento. Y el segundo es semejante a este: AMARÁS A TU PRÓJIMO COMO A TI MISMO. De estos dos mandamientos dependen toda la ley y los profetas."

Romanos 13:8-10: "No deban a nadie nada, sino el amarse unos a otros. Porque el que ama a su prójimo, ha cumplido la ley. Porque esto: NO COMETERÁS ADULTERIO, NO MATARÁS, NO HURTARÁS, NO CODICIARÁS, y cualquier otro mandamiento, en estas palabras se resume: AMARÁS

A TU PRÓJIMO COMO A TI MISMO. El amor no hace mal al prójimo. Por tanto, el amor es el cumplimiento de la ley."

## La Iglesia tiene que reflejar ese patrón

Así que nuestro Señor Jesús, fue engendrado por el Espíritu Santo, nacido a través de una mujer, y nacido en sujeción a la ley divina, lo cual deja un patrón para nosotros la Iglesia. ¿Como se logra esto? La respuesta a esa pregunta se la da Jesús a Nicodemo:

Juan 3:3-8: "Respondió Jesús, y le dijo: De cierto, de cierto te digo, que el que no naciere otra vez, no puede ver el reino de Dios. Le dice Nicodemo: ¿Cómo puede el hombre nacer siendo viejo? ¿puede entrar otra vez en el vientre de su madre, y nacer? Respondió Jesús: De cierto, de cierto te digo, que el que no naciere de agua y del Espíritu, no puede entrar en el reino de Dios. Lo que es nacido de la carne, carne es; y lo que es nacido del Espíritu, espíritu es. No te maravilles de que te dije: Os es necesario nacer otra vez. El viento de donde quiere sopla, y oyes su sonido; más ni sabes de dónde viene, ni a dónde vaya: así es todo aquel que es nacido del Espíritu."

¡La Iglesia tiene que ser nacida del Espíritu! Es la única manera en que la naturaleza divina puede estar presente en nosotros. Este nuevo nacimiento ocurre tan pronto nos rendimos a los pies del Salvador, y es un proceso transformativo que es instantáneo y progresivo a la misma vez. Es una experiencia espiritual, y no es un proceso carnal que se puede lograr mediante medios humanos:

Juan 1:12-13: "Pero a todos los que lo recibieron, les dio el derecho de llegar a ser hijos de Dios, es decir, a los que creen en Su nombre, que no nacieron de sangre, ni de la voluntad de la carne, ni de la voluntad del hombre, sino de Dios."

**Romanos 9:8: "Quiere decir: No los que son hijos de la carne, éstos son los hijos de Dios; más los que son hijos de la promesa, son contados en la generación."**

**1 Pedro 1:23: "Siendo renacidos, no de simiente corruptible, sino de incorruptible, por la palabra de Dios, que vive y permanece para siempre."**

La palabra de Dios, que es la semilla divina, (como es descrito en la explicación de la parábola del sembrador en **Lucas 8:11**), es sembrada en nuestro interior por alguien que proclama la Palabra de Dios, y luego que germina, produce fe en nosotros. Esa fe salvífica nos lleva a reconocer a Jesús como Señor. De ahí, nacemos de nuevo con la simiente, (naturaleza), incorruptible en nosotros.

**Romanos 10:8-10, 17: "Mas ¿qué dice? Cerca de ti está la palabra, en tu boca y en tu corazón. Ésta es la palabra de fe la cual predicamos: Que, si confesares con tu boca al Señor Jesús, y creyeres en tu corazón que Dios le levantó de los muertos, serás salvo. Porque con el corazón se cree para justicia, más con la boca se hace confesión para salvación. Así que la fe viene por el oír, y el oír, por la palabra de Dios."**

Permítame ilustrarle este concepto de nuevo nacimiento usando términos de inmigración. En los Estados Unidos o en cualquier país, hay dos maneras de ser ciudadanos, naciendo en el país o luego adquiriendo ciudadanía mediante un proceso legal. Usted puede emplear tiempo y recursos financieros para hacerse ciudadano de cualquier país, y su ciudadanía será válida y reconocida, pero el que nace en ese país tendría ciudadanía automática, y por lo tanto no tendrá que pasar por el proceso que los extranjeros que anhelan la ciudadanía tienen que pasar. No me malentienda, todos los ciudadanos tienen los mismos derechos independientemente si nacieron en el país o adquirieron ciudadanía más luego. Sin embargo, miremos la conversación entre Pablo y un tribuno romano:

**Hechos 22:25-29: "Y cuando le ataron con correas, Pablo dijo al centurión que estaba presente: ¿Os es lícito azotar a un hombre romano sin ser condenado? Y cuando el centurión oyó esto, fue y dio aviso al tribuno, diciendo: Mira bien qué vas a hacer; porque este hombre es romano. Entonces vino el tribuno y le dijo: Dime, ¿eres tú romano? Él dijo: Sí. Y respondió el tribuno: Yo con grande suma alcancé esta ciudadanía. Entonces Pablo dijo: Pero yo la tengo de nacimiento. Así que, en seguida se apartaron de él los que le iban a interrogar; y el tribuno, al saber que era romano, también tuvo temor por haberle atado."**

¡Esta conversación arroja mucha luz! Los que nacen con ciudadanía tienen un lugar de preeminencia.

Jesús fue rotundamente claro con Nicodemo. La ciudadanía del reino de Dios no es algo a lo cual uno puede aspirar mediante procesos legales y cantidades pagadas. Precisamente esa es la mentalidad legalista, el alcanzar la bendición de Dios mediante esfuerzo propio y precios pagados. Jesús le dejó saber a Nicodemo que aun siendo judío no se tenía derecho legal al reino de Dios porque el reino de Dios no le pertenece a una etnicidad en particular. ¡El reino de Dios es espiritual, y solo los que nacen de nuevo, los que nacen del Espíritu, pueden entrar y ver ese reino!

## Principios de Siembra, Cosecha, y Embarazo

No hay accidentes en los asuntos de siembra y de cosecha. Según la naturaleza de la semilla, será la naturaleza del árbol o planta producida. No se puede esperar cosechar algo diferente a la naturaleza de la semilla que se siembra. Si se siembra semilla de naranja, jamás se cosechará árbol de manzanas. Miremos lo que Dios dijo:

**Genesis 1:11: "Y dijo Dios: Produzca la tierra hierba verde, hierba que dé semilla; árbol de fruto que dé fruto según su género, que su semilla esté en él, sobre la tierra. Y fue así."**

Reitero que sería absurdo esperar cosechar algo diferente a lo que se siembra. De la misma manera, no podemos esperar cosecha espiritual si la siembra es carnal. Debemos tener en cuenta que nosotros producimos lo que sembramos en nosotros mismos, y yéndonos más profundo, damos a luz de acuerdo con lo que nos embaraza. El salmista proclamó algo muy interesante que luego fue confirmado por Santiago:

**Salmos 7:14: "He aquí que el impío concibió maldad, se preñó de iniquidad, y dio a luz engaño."**

**Santiago 1:13-16: "Cuando uno es tentado, no diga que es tentado de parte de Dios; porque Dios no puede ser tentado con el mal, ni Él tienta a nadie; sino que cada uno es tentado cuando de su propia concupiscencia es atraído, y seducido. Y la concupiscencia, cuando ha concebido, da a luz el pecado; y el pecado, siendo consumado, engendra muerte. Amados hermanos míos, no erréis."**

No olvidemos que nosotros como Iglesia somos el vientre de Dios en la tierra. Te pregunto entonces, amado lector, ¿que estas cargando en tu vientre espiritual? ¿Quién te ha embarazado? Si como en el caso de María permites que el Espíritu Santo venga sobre ti y te llene de Su Palabra, concebirás y darás a luz los propósitos de Dios, que resultarán en el alcance de innumerables personas para la gloria de Dios. Pero si estás lleno de ti mismo, concebirás de tu propia maldad, producirás pecado y engaño, y te hundirás a ti mismo y a muchos otros. La señal de nuestra naturaleza se ve en los siguientes versos:

> **1 Juan 3:8-10: "El que practica el pecado es del diablo, porque el diablo ha pecado desde el principio. El Hijo de Dios se manifestó con este propósito: para destruir las obras del diablo. Ninguno que es nacido de Dios practica el pecado, porque la simiente de Dios permanece en él. No puede pecar, porque es nacido de Dios. En esto se reconocen los hijos de Dios y los hijos del diablo: todo aquel que no practica la justicia, no es de Dios; tampoco aquel que no ama a su hermano."**

Por lo tanto, es necesario como creyentes que nos examinemos a nosotros mismos. Es necesario evaluarnos espiritualmente para conocer cuál es la semilla que estamos sembrando en nosotros mismos, y es necesario evaluar cual espíritu es el que nos está llenando y de qué nos está llenando. De acuerdo al espíritu que nos llena es lo que produciremos:

> **1 Corintios 2:12: "Y nosotros hemos recibido, no el espíritu del mundo, sino el Espíritu que es de Dios, para que conozcamos lo que Dios nos ha dado."**

## Un Llamamiento a la Reproducción

Y hablando de producir, Dios nos ha llamado a ser reproductivos desde el inicio de la creación:

> **Genesis 1:28: "Y los bendijo Dios; y les dijo Dios: Fructificad y multiplicad, y henchid la tierra, y sojuzgadla, y señoread en los peces de la mar, y en las aves de los cielos, y en todas las bestias que se mueven sobre la tierra."**

No solo mandó Dios a la humanidad que se reprodujera, sino también nuestro Señor nos llamó como iglesia a multiplicarnos. Toda la bendición que hemos recibido al recibir a Jesús como Señor no es algo que deber ser retenido y disfrutado solo por nosotros, sino también compartido con aquellos que no la tienen. Dios es un Dios de añadidura y multiplicación, por lo tanto, es importante que nosotros operemos bajo ese principio. Jesús nos comisiono a hacerlo:

**Mateo 28:19-20: "Id, pues, y haced discípulos de todas las naciones, bautizándolos en el nombre del Padre y del Hijo y del Espíritu Santo, enseñándoles a guardar todo lo que os he mandado; y he aquí, yo estoy con vosotros todos los días, hasta el fin del mundo."**

Es por eso que la evangelización es tan importante. Es la manera en que nos multiplicamos. Cada congregación debe implementar estrategias de evangelismo para las comunidades que les rodean. Las estrategias no tienen que ser tradicionales, pueden y deben incluir elementos contemporáneos para alcanzar las generaciones actuales. Lo que nunca debe comprometerse es la esencia del mensaje que se predica.

También se debe tener en cuenta la importancia de la enseñanza. La predica impacta, motiva, atrae, captura, e inspira; pero la enseñanza arraiga, afirma, fundamenta, estabiliza, y desarrolla. Después de pescar los peces con nuestra predica y estrategias de evangelismo, hay que escamarlos con la enseñanza y discipulado. De esa manera podrán alimentar a otros. La palabra discípulo en el griego es "*mathetes*," que significa "*alumno, uno que aprende*." Ese término es de donde viene nuestra palabra matemática. El término discípulo es usado a través de los evangelios y el libro de los Hechos para describir no solo a los apóstoles sino también a los creyentes en general. Nunca dejamos de ser discípulos, porque siempre estamos aprendiendo de una manera u otra. Y nunca debemos de dejar de hacer discípulos, porque es nuestra asignación de parte del Señor.

Como se expresó anteriormente, somos el vientre de Dios en la tierra, la entidad donde se forman los creyentes y la entidad de alumbramiento y multiplicación. Si hay infertilidad espiritual en tu vida, el Señor es experto en abrir matrices. El sabio Rey Salomón expresó en **Proverbios 11:30** que "**...el que gana almas es sabio.**" Debemos clamar a voz en cuello como exclamó Raquel en su desesperación por quedar embarazada en **Genesis 30:1:** "**...Dame hijos, o si no, me muero.**"

## La Ley, el Orden, y el Amor

Para concluir con este capítulo, quiero recordarle que no solo debemos de ser como nuestro Señor en cuanto a nacer del Espíritu, sino también debiéramos de estar bajo orden como Él lo estuvo. ¿Cuál es uno de los factores que nos ayuda a establecer y preservar orden? La ley. Ya explicamos anteriormente lo que significa ley en el hebreo y como Jesús no vino a abrogar la ley, sino a cumplirla. Pero a riesgo de sonar redundante, cito a Jesús nuevamente:

> **Mateo 5:18: "Porque de cierto os digo, que hasta que perezca el cielo y la tierra, ni una jota ni una tilde perecerá de la ley, hasta que todas las cosas sean hechas."**

La ley de Dios está en vigencia todavía, solo que Jesús las resume en dos como explicamos ya. Otra cosa que debemos entender en cuanto a la ley es que sirvió de tutor para llevarnos a Cristo, quien era el propósito de la ley:

> **Romanos 10:4: "Porque el fin de la ley es Cristo, para justicia a todo aquel que cree."**

**Gálatas 3:24: "De manera que la ley fue nuestro ayo para traernos a Cristo, para que fuésemos justificados por la fe."**

No se puede hablar de esta realidad sin hablar del nuevo nacimiento, porque es la única manera en la cual Dios puede escribir Su ley en nuestros corazones, como fue profetizado en **Jeremías 31:31-33** y después citado en la epístola a los Hebreos:

**Hebreos 8:8-10: "Porque reprochándolos, Él dice: MIRAD QUE VIENEN DÍAS, DICE EL SEÑOR, EN QUE ESTABLECERÉ UN NUEVO PACTO CON LA CASA DE ISRAEL Y CON LA CASA DE JUDÁ; NO COMO EL PACTO QUE HICE CON SUS PADRES EL DÍA QUE LOS TOMÉ DE LA MANO PARA SACARLOS DE LA TIERRA DE EGIPTO; PORQUE NO PERMANECIERON EN MI PACTO, Y YO ME DESENTENDÍ DE ELLOS, DICE EL SEÑOR. PORQUE ESTE ES EL PACTO QUE YO HARÉ CON LA CASA DE ISRAEL DESPUÉS DE AQUELLOS DÍAS, DICE EL SEÑOR: PONDRÉ MIS LEYES EN LA MENTE DE ELLOS, Y LAS ESCRIBIRÉ SOBRE SUS CORAZONES. Y YO SERÉ SU DIOS, Y ELLOS SERÁN MI PUEBLO."**

Solo el Espíritu de Dios puede tomar la ley divina y escribirla sobre el corazón del hombre. Note que en esta profecía no se habla de un cambio de ley, sino del lugar donde estaba escrito. En el nuevo pacto, la ley de Dios ya no estaría escrito sobre tablas de piedra, sino sobre el corazón del ser humano, comenzando con Israel y extendiéndose a todos aquellos que están en Cristo. Pero esto requiere un corazón nuevo, uno que es capaz de recibir el escrito de la ley divina sobre él. Esto fue profetizado en Ezequiel y luego afirmado por el Apóstol Pablo:

**Ezequiel 11:19: "Y les daré un solo corazón; y pondré un espíritu nuevo dentro de ellos, y quitaré de su carne el corazón de piedra, y les daré un corazón de carne."**

**2 Corintios 3:3:** "siendo manifiesto que son carta de Cristo redactada por nosotros, no escrita con tinta, sino con el Espíritu del Dios vivo; no en tablas de piedra, sino en tablas de corazones humanos."

Un corazón humilde es el que el Señor no desprecia, y cuando ese corazón tiene la ley de Dios en él, no se rebela, ni obedece por costumbre religiosa, o por orgullo personal, sino por amor total al Dios que lo creo. La ley se cumple amando, y ese es el lenguaje oficial del evangelio, ¡EL AMOR!

**Romanos 13:10:** "El amor no hace mal al prójimo; por tanto, el amor es el cumplimiento de la ley."

# Capítulo 4:
# SU DESARROLLO

YA HABIENDO HABLADO ACERCA DE LA encarnación de nuestro Señor, tomemos tiempo para hablar de su desarrollo humano. Tanto los **capítulos 1 y 2 del evangelio de Mateo** como el **capítulo 2 del evangelio de Lucas** nos arrojan luz sobre el nacimiento, la infancia, niñez, y juventud de Jesús. Los detalles no son tantos, pero suficientes para darnos una idea limitada de cómo fue Su crianza. Hay otros escritos históricos, considerados apócrifos, que contienen supuestas historias de la niñez y crianza de Jesús, pero la Iglesia históricamente ha rechazado la autenticidad de tales libros, y no los ha aceptado dentro del canon de las Escrituras.

Hay lecciones poderosas que podemos aprender en estas historias. Superficialmente, parecerán ser solo registros históricos acerca de Jesús. Pero si escudriñamos a profundidad cada uno de ellos, hallaremos unas verdades trascendentales que nos ayudaran no solo en nuestro caminar como creyentes en Jesús, sino también en las áreas cotidianas de nuestras vidas.

## La Genealogía de Jesús

Al leer y estudiar los primeros versos del Capítulo 1 del evangelio de Mateo, encontraremos que la genealogía de Jesús contiene asuntos impactantes. Lo primero es que encontramos a cuatro mujeres mencionadas en la genealogía, algo que no era de costumbre entre los judíos, porque por lo normal las genealogías judías solamente mencionaban a los hombres. Al Mateo presentar la genealogía de esta forma, demuestra un gran atrevimiento de su parte dado la mentalidad de la época.

Lo segundo que hallamos es que no solo Mateo menciona a cuatro mujeres, (Tamar, Rahab, Rut, y Betsabé, aunque es mencionada como mujer de Urías heteo), sino que las cuatro que el menciona no son de la mejor categoría en términos sociales. Tenemos a una Tamar que era yerna de Judá, había sido viuda de dos de sus hijos, comprometida con un tercero hijo, y al final se finge ser ramera para dormir con su suegro y así continuar la descendencia de él. El la absolvió de culpa, pues había sido viuda dos veces, y él no la había casado con su otro hijo, y al fin el reconoció que su falta de responsabilidad la llevo a tener que ir a extremos.

Tenemos a una Rahab quien el libro de Josué describe como ramera y que era gentil. Algunos han intentado cambiar el sentido de esta palabra, insinuando que se trataba de un conserje de hotel. Pero el uso de esta palabra hebrea traducida ramera es consistente en otras partes de la Biblia. Por lo tanto, tenemos una mujer ramera en la genealogía de Jesús. Hay que destacar que la última mención de ella en la Biblia es en el libro de los Hebreos, donde su fe es destacada. Ella se rindió al Dios de Israel y se hizo aliada de los israelitas, creyendo que aun en medio de la destrucción de la ciudad donde vivía, ella seria salva. No solo fue salva, sino que termino casándose con un israelita llamado Salmon y siendo parte de la genealogía del Mesías.

Rut, otra viuda más que también era gentil, está en la lista. Su moral no era cuestionable como la de las otras, pero al ser moabita no era de la lista favorable. Sin embargo, su apegamiento a su suegra Noemi, y su disposición de abrazar la fe del Dios de Israel, la llevan a redimir la familia de su suegra y ser incluida en la genealogía mesiánica. Tuvo que abandonar su tierra, su familia, sus costumbres, todo lo que era y conocía, por abrazar un futuro desconocido y diferente. ¡Pero al final de todo valió la pena! Rut nos enseña la necesidad de abandonarlo todo a través de la fe en Dios para recibir un futuro mejor.

Y finalmente tenemos a Betsabé, que ni siquiera es mencionada por nombre, sino descrita como mujer de Urías heteo. De seguro, su nombre equivale a infamia por lo que hizo el Rey David con ella y su marido. Pero póngase en sus zapatos. Su gesto de bañarse no fue el crimen, quien estaba mirando lo que no debía era David, desde un lugar alto de donde se podía ver más que lo que el hombre común podía ver. Además, rehusaría usted a alguien con el poder de matarle, ¿por negarse a cumplir con su deseo? Betsabé no era del todo inocente, pero la mayor responsabilidad cae sobre David, sabiendo que era la mujer de uno de sus soldados más fieles. Pero ella queda en la lista de igual manera, y no se puede olvidar que ella paso por la vergüenza de un pecado privado que fue expuesto en público, también por la muerte de un marido fiel, y sobre todo la de su hijo que fue concebido en pecado. Dios tuvo misericordia de ella y de David, y luego les dio un hijo llamado Salomón.

Dios es un Dios de misericordia, y se place en tomar lo que el mundo desecha y hacerlo útil para Su gloria. La genealogía de Jesús nos prueba, entre muchas cosas, que Dios usa a la mujer tal y como usa al hombre para realizar Sus propósitos. Por la tanto, no hay espacio para machismo ni misoginia en el evangelio. También vemos que no importa el trasfondo histórico de una persona, ¡ni las cosas horrendas que hayan hecho, en Jesús hay un nuevo comienzo! No importa lo que haya pasado en tu vida, el Señor puede cambiar tu historia y darte un futuro brillante. Él es el Dios de segundas oportunidades, y es un experto en limpiar reputaciones, transformar caracteres, ¡y cambiar narrativas! ¡Dale una oportunidad!

## José y María

En Mateo 1 hallamos que José estaba comprometido con María. Recuerde que lo que hoy en día se conoce como compromiso, en los tiempos bíblicos era considerado legalmente como matrimonio, a pesar de que la boda no se había celebrado todavía. El hecho de que María haya quedado embarazada por alguien que no fuera José era considerado un pecado capital; ella era digna de muerte conforme a la ley mosaica por ser adúltera. Si José la hubiera denunciado, ella hubiera muerto y él tendría la libertad de casarse con otra doncella. Sin embargo, observe la actitud de José:

> **Mateo 1:18-19: "El nacimiento de Jesucristo fue así: Estando María su madre desposada con José, antes que se juntasen, se halló que había concebido del Espíritu Santo, y José su marido, como era un hombre justo y no quería infamarla, quiso dejarla secretamente."**

José no quiso infamarla! ¡Cuán poderoso es el amor! El prefirió dejarla de manera secreta y confidencial. Él tenía derecho a hacer esto según **Deuteronomio 24:1**. El griego de este pasaje citado arriba indica que José estaba resuelto a no exponerla públicamente ante las autoridades civiles judías. Él sabía que eso resultaría en infamia y muerte. Él quiso hacer las cosas de manera privada, mediante un divorcio legal, para que ella estuviese libre para casarse con otro.

La Biblia no relata las conversaciones entre José y María. Si yo me pusiera en los zapatos de él, se me haría imposible creer que el Espíritu Santo halla embarazado a mi futura esposa. Estaría profundamente herido por la "traición," sin mencionar la vergüenza que traería. José amaba a María, eso queda claramente expuesto con el hecho de no exponerla a muerte. Mateo describe a José como justo con este noble sentir, porque buscó ejercer misericordia en vez de juicio. ¿Seremos nosotros iguales en nuestro trato con nuestros semejantes?

**Santiago 2:13** dice que **"...la misericordia triunfa sobre el juicio."** **Proverbios 10:12** dice que **"...el amor cubrirá todas las faltas."** El amor de José hacia María pudo más que el juicio que según la ley ella merecía. (María no había fallado, pero recuerde, José no tenía la revelación completa detrás de su embarazo.) Veo una actitud noble en José que todo creyente debería emular; debemos optar por misericordia primero antes que juicio. De esa manera podremos cosechar lo que sembramos.

Ahora, claro está, había un propósito divino detrás de todo esto. Es por esto que Dios interviene en el asunto, ministrándole a José por un sueño mediante un mensajero angelical:

> **Mateo 1:20-23: "Y pensando él en esto, he aquí el ángel del Señor le apareció en un sueño, diciendo: José hijo de David, no temas recibir a María tu esposa, porque lo que en ella es engendrado, del Espíritu Santo es. Y dará a luz un hijo, y llamarás su nombre JESÚS; porque Él salvará a su pueblo de sus pecados. Todo esto aconteció para que se cumpliese lo que fue dicho del Señor, por el profeta que dijo: He aquí una virgen concebirá y dará a luz un hijo, y llamarás su nombre Emmanuel, que interpretado es: Dios con nosotros."**

¡Cuán importante es tener revelación completa cuando vamos a tomar una decisión! El dejarnos ir solamente por información parcial puede resultar en decisiones desastrosas, empoderadas por emociones mal dirigidos. Permítele a Dios que te muestre lo que tú no conoces, para que puedas ver las cosas de Su punto de vista, y no solo la tuya. De esta manera no excluirás a gente de tu vida que están asignados a ti proféticamente para que seas parte de un plan mayor.

Para añadir al carácter justo de José, recibe a María oficialmente como su esposa. Pero teniendo derecho a tener relaciones sexuales con ella por ser su marido, se cohíbe de hacerlo hasta después del nacimiento de Jesús. Esto significa que el creyó totalmente la revelación divina que había recibido. Estaría expuesto a falsas acusaciones, burlas, y cuantas cosas más, pero por amor a Dios y a su esposa, estaba dispuesto a sufrir, porque entendió que el propósito es mayor que el sufrimiento. ¿Estará usted dispuesto a sufrir persecución, injuria, y difamación por creer el propósito divino concerniente a usted? ¿Está usted dispuesto a abrazar a alguien que otros rechazan, porque usted está convencido que esa persona está asignado a su vida con propósito profético? Esta usted dispuesto a ejercer dominio propio, dejando derechos personales a un lado y muriendo a su ego, ¿para que el propósito de Dios se cumpla a cabalidad en su vida? Solo usted puede contestar estas preguntas.

## María y Elizabet

Pero también hay que considerar la posición de María con aun más atención. El prestigio femenino es mucho más delicado que el prestigio masculino. ¿Imagínese, dama que me lees, que usted reciba una visitación angelical donde se le anuncie que usted quedará embarazada por obra del Espíritu Santo? Ciertamente todas las mujeres de Israel hubieran deseado ser madre del Mesías, pero ninguna de ellas imaginaria que ese proceso incluiría el quedar embarazada por el Espíritu Santo. ¿Que evidencia podría presentar María de tal ocurrencia, cuando no había exámenes de ADN en aquel tiempo para comprobar quien era el padre de su bebe?

La disposición de María de sufrir por el propósito divino con ella es un ejemplo para seguir. La fe de ella al confiar que Dios se encargaría de todo, incluyendo a su comprometido José, a ambas familias, y a la sociedad que les rodeaba, es algo impactante. Con razón ella dijo en **Lucas 1:38: "…He aquí la sierva del Señor; hágase a mí conforme a tu palabra…"**

El propósito de Dios con María no se podía separar del propósito de Dios con su pariente Elizabet. Elizabet también había quedado embarazada de manera milagrosa, ya que era mayor de edad y no podía tener hijos. El mismo ángel Gabriel que se había revelado a María era el mismo ángel Gabriel que primero se le había revelado al sacerdote Zacarias, marido de Elizabet. Por supuesto que el embarazo de Elizabet no fue una concepción por el Espíritu Santo, pero el Espíritu Santo resucitó su vientre para que ella pudiera concebir.

Podemos aprender varias cosas de estos hechos. Podemos aprender a no ser egocéntricos, porque el propósito de Dios en nuestras vidas siempre será dirigido a bendecir no solo al recipiente del propósito, sino también a los beneficiarios del propósito. De igual manera, no podemos olvidar que el propósito siempre estará entrelazado con otros que participarán en el nuestro pero que también nosotros participaremos en el de ellos.

Elizabet estaba cargando a Juan el Bautista, el precursor del Mesías y quien prepararía el camino para El. María estaba cargando al Mesías mismo, pero esto no la llevo a sentirse superior a su pariente, sino que ambas adoraron a Dios por lo que estaba ocurriendo en sus vidas, y se regocijaron en ser parte del plan divino. Además, no se puede hablar de Jesús sin hablar de Juan el Bautista, el que preparó el camino para Su llegada y que lo bautizó en el Rio Jordán. Tampoco se puede hablar de Juan el Bautista sin mencionar el propósito mayor por el cual fue llamado, para preparar camino para el Señor.

El encuentro entre ellas fue algo poderoso. Al Elizabet escuchar la salutación de María, Juan el Bautista comenzó a saltar en su vientre, y ella fue llena del Espíritu Santo. Me imagino que María había visitado a Elizabet en muchas ocasiones y que su saludo no fue en nada diferente a los saludos anteriores, pero esta vez ella hablo con Jesús adentro, ya que ella estaba embarazada. ¡Aprovecho para decirte que cuando hablamos con Jesús adentro nuestras palabras cargaran poder! Y ese poder impactará a otros y los llevará a realizar su propósito. Procuremos como creyentes que nuestras palabras sean empoderadas por Jesús para bendecir e impactar otras vidas, y la forma de asegurar que nuestras palabras impacten espiritualmente a otros es estando seguros de que tenemos a Jesús en nuestro interior.

Con tanta competencia ministerial que existe en la actualidad, tomemos ejemplo de este caso. Dos mujeres, recibiendo mensajes proféticos del mismo ángel, experimentando embarazos milagrosos por el poder del Espíritu Santo, y siendo partícipes del gran plan de redención no solo para Israel sino también para el mundo entero. ¿Importaba cuál de ellas era la madre del precursor y cuál era la madre del Mesías? ¡No! El ser parte del plan divino éra lo más importante y satisfactorio. Ministros, no dejemos que la envidia nos ciegue y ahogue. Gocémonos con lo que Dios está haciendo en la vida de otros ministros, aunque sea mayor que lo que nosotros estemos experimentando. Al fin y al cabo, Dios hace todo para Su gloria, y el solo hecho de ser llamados al ministerio, después de ser llamado a salvación, debe producir satisfacción y regocijo en nosotros. ¡No todos produciremos lo mismo, pero lo importante es que produzcamos!

## El Momento de Alumbramiento

Como es experiencia de toda madre que da a luz, el proceso de embarazo hasta el momento de alumbramiento no es una fácil. La lista larga de experiencias incluye desde las náuseas por las mañanas y el hinchamiento de los tobillos, el aumento de peso e incomodidad física, el hambre y los antojos particulares de comida, hasta las contracciones y el alumbramiento, fuese natural o cesaría. Esta lista no incluye otras complicaciones que muchas madres han tenido.

Jesús mismo en su ministerio reconoció el proceso difícil por el cual las mujeres tienen que pasar para dar a luz los hijos:

> **Juan 16:21: "La mujer cuando da a luz, tiene dolor, porque ha venido su hora; pero después que ha dado a luz un niño, ya no se acuerda de la angustia, por el gozo de que haya nacido un hombre en el mundo."**

Entonces después del dolor y de nueve meses de ajustes y dificultades, finalmente la madre puede decir que valió la pena. Valió la pena los sufrimientos, los ajustes, los malestares, y el intenso dolor, para ahora abrazar a una nueva vida. De la misma manera, las pruebas, tribulaciones, los sufrimientos, y el dolor son etapas necesarias para nuestro alumbramiento espiritual. Valoraremos más lo que nos cuesta que los que nos viene fácil.

María, obviamente, no era la excepción a esta regla. Cuando llegó el momento de su alumbramiento, sus sufrimientos no habían sido solo físicos, sino también tenemos que suponer que habían sido emocionales dado las complicaciones culturales y espirituales de su embarazo. Para añadir estrés al asunto, el emperador Augusto Cesar proclamó que se hiciera un censo de la población de la tierra de Judea. José y María tuvieron que viajar hasta Belén, la ciudad de sus ancestros, para poder cumplir con esta proclama. Por lo normal, los que viajaban en estos casos buscarían a un familiar o conocido donde pudieran reposar para estos fines del censo. Si no tenían familiares o conocidos, optarían por un mesón, que en aquellos tiempos era una casa con varios cuartos disponibles para ser alquilados. José y María no pudieron encontrar un cuarto donde hospedarse, y por lo tanto donde único pudieron quedarse fue en el pesebre.

Este lugar llamado pesebre era donde los animales eran puestos y también la comida usada para alimentarlos. Tratándose de una ciudad como Belén, lo más probable era que el pesebre fuese una especie de cueva, y en algunos casos subterránea. No era un palacio o casa acaudalada donde nuestro Señor nació, nació en un lugar de escondite, oscuridad, y de seres vivientes que no eran ni seres humanos. En esto vemos cumplido lo que el Apóstol Pablo luego escribiría:

> **2 Corintios 8:9: "Porque ya sabéis la gracia de nuestro Señor Jesucristo, que por amor de vosotros, siendo rico se hizo pobre; para que vosotros con su pobreza fueseis enriquecidos."**

¿Tendrá usted suficiente espacio en su corazón para Jesús? Y si lo tienes en tu corazón, ¿qué espacio ocupa en tu vida? Fue frente a la creación, y a dos seres humanos, varón y hembra, que nuestro Señor hizo su primera aparición como el Verbo hecho carne. Esto no debiera sorprendernos, pues en Genesis vemos el mismo cuadro en el principio. Dios el Padre compartiendo con la primera pareja y la creación. Tal el Padre, tal el Hijo, y así como leemos esa realidad en Genesis, la leemos en Lucas, dando a entender que el nacimiento de Jesús habla de un nuevo inicio que trae una restauración de lo original que Dios quiso desde el principio, una perfecta armonía entre el Creador y su creación.

## Los Ángeles y los Pastores

Y hablando de la creación, no se puede dejar los seres celestiales afuera de la conversación. Hubo una gran coalición angelical que alabó a Dios y proclamaron el mensaje de reconciliación en:

> **Lucas 2:14: "Gloria a Dios en las alturas, y en la tierra paz, ¡buena voluntad para con los hombres!"**

El escritor a los hebreos confirma esto en su epístola:

> **Hebreos 1:6: "Y otra vez, cuando introduce al Primogénito en el mundo, dice: Y adórenle todos los ángeles de Dios."**

Recordemos siempre que los ángeles son espíritus ministradores, o servidores. Están al servicio de Dios y de Su pueblo. Otro punto importante es que ellos también señalan hacia Jesús, y no se manifiestan para espectáculos ni antojos humanos, sino por propósito divino.

Los pastores a los cuales se le manifestaron estos ángeles, y a los cuales uno de los ángeles les da las buenas nuevas del nacimiento de Jesús y como conseguirlo, no fueron rebeldes ni incrédulos, cumplieron con la orden angelical de ir a conseguir al Señor. A ellos se les dieron los detalles del dónde y en qué estado encontrarían al Señor. Y asimismo como se les dijo, asimismo lo encontraron. Estos pastores fueron fieles en comunicarles a José y María lo que los ángeles les comunicaron sobre el niño Jesús.

Esto demuestra cual debiera ser la actitud de los pastores en la actualidad: fe, obediencia, y fidelidad en la transmisión del mensaje divino. Añadimos también el elemento de la adoración, ya que ellos se regresaron de la presencia del recién nacido Jesús alabando y glorificando al Señor. La administración eclesiástica, financiera, y corporativa no deben ir por encima de estos principios espirituales, porque el pastor es primero un ministro y después un administrador, no viceversa. Miremos el consejo del Apóstol Pedro:

**1 Pedro 5:1-4: "Ruego a los ancianos que están entre vosotros, yo anciano también con ellos, y testigo de los padecimientos de Cristo, que soy también participante de la gloria que ha de ser revelada: Apacentad la grey de Dios que está entre vosotros, cuidando de ella, no por fuerza, sino voluntariamente; no por ganancia deshonesta, sino de ánimo pronto; y no como teniendo señorío sobre la heredad de Dios, sino siendo ejemplos de la grey. Y cuando apareciere el Príncipe de los pastores, vosotros recibiréis la corona incorruptible de gloria."**

## La Presentación de Jesús en el Templo

José y María, circuncidaron a Jesús cuando tenía ocho días de nacido, y a los cuarenta días de nacido, después del periodo de purificación de María, lo llevan al templo en Jerusalén para cumplir con el requisito de la ley:

**Levítico 12:1-8: "Y Jehová habló a Moisés, diciendo: Habla a los hijos de Israel, diciendo: La mujer cuando concibiere y diere a luz a varón, será inmunda siete días; conforme a los días que está separada por su menstruación será inmunda. Y al octavo día se circuncidará la carne del prepucio del niño. Mas ella permanecerá treinta y tres días en la purificación de su sangre: ninguna cosa santa tocará, ni vendrá al santuario, hasta que sean cumplidos los días de su purificación. Y si diere a luz una hija, será inmunda dos semanas, conforme a su separación, y sesenta y seis días estará purificándose de su sangre. Y cuando los días de su purificación fueren cumplidos, por hijo o por hija, traerá un cordero de un año para holocausto, y un palomino o una tórtola para expiación, a la puerta del**

**tabernáculo de la congregación, al sacerdote: Y él ofrecerá delante de Jehová, y hará expiación por ella, y será limpia del flujo de su sangre. Ésta es la ley de la que diere a luz hijo o hija. Y si no alcanzare su mano lo suficiente para un cordero, tomará entonces dos tórtolas o dos palominos, uno para holocausto, y otro para expiación: y el sacerdote hará expiación por ella, y será limpia."**

Al José y María traer dos tórtolas o dos palominos como ofrenda según la ley, nos demuestra que no eran una familia pudiente. Pero se esforzaron a ser fieles a los mandamientos de Dios aun en su estado de economía restringida. No hay que ser rico para ser obediente y fiel, aun si tienes poco dale al Señor la honra debida a Su nombre, no solo en dadivas de ofrendas, sino sobre todo en tu obediencia y fidelidad, los cuales son la máxima expresión del amor que le tenemos.

En ese acto de obediencia y fidelidad, Dios tenía preparado "dos tórtolas", o dos "palominos", que habrían de confirmar la grandeza del niño que estaba siendo presentado. Era como si Dios tenía estas dos personas preparadas en respuesta a las dos dadivas de José y María. Estos individuos eran Simeón y Ana, y ellos presentan un dilema a un concepto teológico muy popular entre los evangélicos: *los 400 años de silencio*.

Personalmente, a mí no me agrada las contiendas sobre opiniones, mucho menos concerniente a la Biblia, al menos que haya un punto fundamental que defender. Pero hay momentos en que nosotros tenemos que honrar la verdad, aunque esto signifique corregir errores que tradicionalmente se enseñan o predican. Un error no se convierte en verdad porque se repite por largo tiempo. Sigue siendo error, aunque la gente que la oyen piense que es verdad.

Los teólogos hablan de 400 años de silencio para referirse al periodo inter testamentario entre Malaquías, el último libro del Antiguo

Testamento, y Mateo, el primer libro del Nuevo Testamento. En específico señalan el tiempo entre el profeta Malaquías y Juan el Bautista, quien también fue profeta. En este periodo de tiempo, no hubo libro escrito que fuese considerado canónico, o bíblico, ni por los judíos, ni por la Iglesia cristiana. No hubo voz profética en ese contexto.

¿Pero, significa eso que Dios no hablo en ese periodo de tiempo? ¡Por supuesto que no! Dios habla siempre por Su palabra, y en este periodo de tiempo ya el Tanakh estaba completo, sin decirse que los judíos preservaron sus principios aun durante el exilio. La evidencia de esto lo hallamos en los libros de Esdras y Nehemías con las asignaciones que ambos desempeñaron en Jerusalén, al igual que en los libros de los Macabeos, aunque estos son libros no canónicos. Dios siempre habla, y Su intervención en los periodos de los macabeos da evidencia de que, aunque no hubiese profeta, si había un Dios que oía y respondía al clamor de Su pueblo.

Simeón y Ana habían oído la voz de Dios precisamente en los llamados *"400 años de silencio."* A Simeón el Espíritu Santo le había revelado que no vería muerte hasta que el viera al Mesías. Por cierto, la descripción de **Lucas 2:25** concerniente a Simeón es que *"...***era un hombre justo y piadoso, y que el Espíritu Santo era sobre él.***"* Ana la anciana también es descrita como profetisa. ¿Qué hace una profetisa? ¡Profetizar! En los 400 años de "silencio" hubo por lo menos dos personas a quienes Dios les hablaba de manera personal. Estos individuos no tuvieron que esperar hasta Juan el Bautista, porque tenían las Escrituras y tenían al Espíritu Santo.

Me preocupa hoy en día tantos creyentes que dependen de profetas que le digan hasta el color de la casa que deben comprar. Como se explicó en el capítulo 2 de este libro, este servidor cree que todavía el Señor se manifiesta mediante los dones del Espíritu, incluyendo el don de profecía. No obstante, los creyentes del nuevo pacto tienen dos autoridades al cual acudir para que Dios les hable: el Espíritu Santo y la Biblia. Si estas dos fuentes son insuficientes para usted, entonces no se sorprenda cuando el profeta le falle con una palabra equivocada. De que Dios todavía usa a profetas, no tengo duda, pero no se puede depender de ellos de la forma en que las audiencias del Antiguo Testamento lo hacían. Reitero que estamos en el Nuevo Pacto.

Simeón estaba allí en el Templo el día que José y María habían de presentar a Jesús porque el Espíritu Santo lo movió a estar allí. De seguro Ana estaba allí también por ese mismo mover. ¡El Espíritu Santo siempre nos moverá hacia Jesús! No te moverá hacia tu ego, ni te moverá a ser un ciego fanático de otros ministerios o movimientos, te guiará hacia toda verdad, ¡y la máxima verdad es Jesús! Te dirigirá a adorarle a Él, servirle a Él, serle fiel a Él, someterte a Él, anunciarlo a Él, compartirlo a Él, ¡y esperarlo a Él! Si te estas moviendo en otra dirección que no es El, entonces no es el Espíritu Santo que te está guiando.

## Los Magos del Oriente

En Mateo capítulo 2 también hay unas ocurrencias que merecen ser analizadas en cuanto a la infancia y desarrollo de nuestro Señor. Unos magos del oriente llegan a Jerusalén buscando al Rey de los judíos que había nacido. Estos individuos no eran reyes, como algunas tradiciones lo suponen. Tampoco la Biblia dice que fueron tres en número, simplemente los menciona en categoría plural, o sea más de uno. No eran magos como Harry Houdini o David Copperfield, eran miembros de una casta sacerdotal del imperio persa, (Irán), que se dedicaban a estudiar la naturaleza, la astrología, y la medicina.

Ellos estaban siguiendo a la estrella que se les había aparecido en el oriente donde ellos estaban. Ellos habían estudiado concerniente a este fenómeno, y entendieron que la aparición de esta estrella indicaba el nacimiento de un gran rey, en este caso, el Rey de los judíos. ¿Como sabían esto? Algunos creen que Daniel, quien había sido parte de este grupo de sabios en el imperio babilónico, también continuó esta labor cuando entra el imperio persa en poder. Había dejado a sus alumnos la información profética de:

**Números 24:17: "Lo veré, mas no ahora; lo miraré, mas no de cerca: Saldrá Estrella de Jacob, y se levantará Cetro de Israel, y herirá los cantones de Moab, y destruirá a todos los hijos de Set."**

Esto se transmitió, según se cree, de generación en generación de este grupo de sabios, hasta que estos mencionados en Mateo ven con sus ojos lo que otros habían señalado por generaciones. Ellos se movilizan tan pronto ven la estrella, que los dirige en dirección occidental. La distancia entre Irán e Israel es larga, y en aquellos tiempos no había aviones, ni trenes, ni carros. Se tomaron casi dos años para llegar a Jerusalén. Cuando llegan, preguntan por el Rey que había nacido, pero oyendo esto el Rey Herodes, los convoca para indagar de ellos más información.

Es de señalarse que los principales sacerdotes y escribas del pueblo fueron consultados por Herodes para saber dónde había de nacer el Mesías. ¡Ellos sabían dónde había de nacer según la profecía de Miqueas, pero no sabían que ya Él había nacido! Esto es un vivo ejemplo de lo que pasa cuando se conoce las Escrituras de Dios, pero no al Dios de las Escrituras. El hecho de que unos simples pastores de ovejas, y dos ancianos, y ahora unos astrólogos gentiles del oriente estuviesen enterados de algo que ni los líderes religiosos de la época sabían, demuestra lo que Jesús más luego exclamaría:

**Lucas 10:21: "En aquella misma hora Jesús se regocijó en su espíritu, y dijo: Te alabo, oh, Padre, Señor del cielo y de la tierra, porque escondiste estas cosas de los sabios**

**y entendidos, y las has revelado a los niños. Sí Padre, porque así te agradó."**

A Dios nadie lo controla, ni nadie puede decirle a quien Él se puede manifestar y a quien no. Una cosa si sabemos, que a Dios le place manifestarse a gente sencilla:

**Isaías 57:15: "Porque así dice el Alto y Sublime, el que habita la eternidad, y cuyo nombre es el Santo: Yo habito en la altura y la santidad, y con el quebrantado y humilde de espíritu, para hacer vivir el espíritu de los humildes, y para vivificar el corazón de los quebrantados."**

La misma estrella que dirigió a los magos a Jerusalén también los dirigió hasta Nazaret donde vivían José, María, y Jesús. Les señalo el lugar donde Él estaba, y ellos al verlo, se postraron y le adoraron, y le ofrecieron presentes: oro, incienso, y mirra. Estos presentes eran proféticos, señalando las funciones de Jesús como Rey, ya que el oro implicaba realeza; como Sacerdote, pues el incienso era ofrecido por los sacerdotes; y como Profeta, pues la mirra señalaba su martirio como profeta. Por cierto, debo recordarte, amado lector, que no debes de ir ante Su presencia con las manos vacías. Ven con todo tu ser: espíritu, alma, y cuerpo. Ese es el oro, incienso, y mirra que Jesús desea de ti hoy en día.

No se puede pasar por alto la sensibilidad, tanto de los magos, como de José, a las revelaciones dadas a ellos mediante sueños. Los magos se regresaron a su tierra por otro camino, no volviendo a Herodes como él se los había pedido, porque él tenía un motivo ulterior en ir a adorar al niño, pues quería exterminarlo. José también fue avisado por sueño a través de un ángel del Señor, a huir a Egipto con su familia hasta que Herodes muriera. Tan pronto Herodes muere, nuevamente un ángel del Señor le da avisos a José que regresara a Israel. Sabiendo que el hijo de Herodes reinaba en su lugar, tuvo miedo, pero nuevamente avisado por revelación en sueños, se va a Nazaret y allí cría a Jesús y al resto de la familia.

Toda esta información revelada en sueños fue para que se cumpliera el propósito profético de Dios. Ya había palabras proféticas en el Antiguo Testamento que anunciaban tanto la matanza de los niños inocentes en Belén y sus alrededores, como la estadía de Jesús en Egipto, como también su crianza en la ciudad de Nazaret. Pon atención a los detalles de tus sueños. Hay directrices en ellos. Hay avisos en ellos. Puede haber decisiones importantes en tu vida, tanto espirituales como cotidianas, en las cuales Dios se puede revelar a tu vida. Los sueños son una de las maneras en las cuales Dios habla:

> Job 33:14-16: "Sin embargo, en una o en dos maneras habla Dios; más el hombre no entiende. Por sueño de visión nocturna, cuando el sueño cae sobre los hombres, cuando se adormecen sobre el lecho; Entonces revela al oído de los hombres, y les señala su consejo."

## Jesús y el crecimiento en su niñez

Regresando a Lucas capítulo 2, hallamos una descripción de Lucas concerniente al crecimiento de Jesús desde su infancia hasta la edad de doce años:

> Lucas 2:40: "Y el niño crecía, y se fortalecía en espíritu, lleno de sabiduría; y la gracia de Dios era sobre Él."

El crecimiento de Jesús es destacado aquí en términos de fortaleza espiritual y sabiduría, estando la gracia, o el favor, de Dios sobre El. Cabe de destacarse que el crecimiento espiritual para el creyente es primordial. Hoy en día se pone tanto énfasis en el crecimiento numérico que a veces pienso que se pone la carreta delante del buey. El crecimiento numérico debe ser resultado del crecimiento espiritual, no viceversa. Incluso, la calidad para Dios es más importante que la cantidad. La ofrenda de la viuda ilustra esto:

**Marcos 12:41-44: "Y estando Jesús sentado delante del arca de la ofrenda, miraba cómo el pueblo echaba dinero en el arca: y muchos ricos echaban mucho. Y vino una viuda pobre, y echó dos blancas, que es un cuadrante. Entonces llamando a sus discípulos, les dijo: De cierto os digo que esta viuda pobre echó más que todos los que han echado en el arca; porque todos han echado de lo que les sobra; más ésta, de su pobreza echó todo lo que tenía, todo su sustento."**

No estoy menospreciando el valor del crecimiento numérico, pues el Señor les dijo a Sus discípulos que los había puesto para que produjeran mucho fruto porque en eso el Padre es glorificado:

**Juan 15:8: "En esto es glorificado mi Padre, en que llevéis mucho fruto, y seáis así mis discípulos."**

Lo que no se puede hacer es enfatizar tanto el crecimiento numérico que se comprometan los principios bíblicos, rebajando los estandartes de Dios, predicando un evangelio que no hable de arrepentimiento, santificación, obediencia, y sujeción. Ninguno de estos términos es popular hoy en día. El mundo aborrece este lenguaje, porque lo que el mundo desea es independencia, libertinaje, y la búsqueda del placer sin darle cuenta a nadie de sus hechos. La iglesia mundanal también las aborrece, porque busca fama y fortuna, siendo amigos del mundo, y constituyéndose enemigos de Dios.

Creo en la salvación por gracia mediante la fe, y no por obras para que nadie se gloríe. Pero la salvación genuina producirá en nosotros un carácter transformado, donde nos apartamos de la corrupción de este mundo no porque seamos mejores, sino porque somos diferentes. Mientras más nos acercamos a Dios, más lejos estaremos de la corrupción de este mundo. Hablo del término mundo en el sentido del sistema social que está de espaldas a Dios. A los que están en el mundo el Señor nos llama a amarlos y compartir nuestra fe con ellos, pero que se conviertan ellos a nosotros, y no nosotros a ellos. El crecimiento espiritual verdadero resultará en un creyente que refleja a un Cristo puro en medio de una generación corrupta, a la misma vez revelando el amor de Dios a un mundo perdido.

## Jesús en el templo a los doce años

Todos los años iban José y María a la fiesta de la pascua en Jerusalén, cumpliendo así con las ordenanzas de Dios. En la ocasión citada en Lucas 2, ya Jesús tenía doce años. A esta edad de doce años los juveniles judíos eran considerados "hijos de la Ley." De ahí en adelante se esperaba que comenzasen a guardar la Ley en todas sus ordenanzas. Muchos padres judíos comenzaban a prepararlos en observación y ayunos durante las fiestas algunos años antes, en preparatoria para esta edad transicional.

Cuan impactante es leer que Jesús se sentó con los doctores de la ley, a oírlos y hacerles preguntas. Hoy en día no son muchos los niños de esta edad que están interesados en los asuntos de arriba. Por eso es tan importante que los padres creyentes instruyan a sus hijos en el amor y reverencia del Señor. Por bueno y auxiliar que sean la Iglesia del Niño y los programas para la juventud, jamás podrán reemplazar la guía y enseñanza de los padres.

Aún más impactante fue el hecho de que también proveyó respuestas, y lo hacía con tal inteligencia que muchos se maravillaban. Jesús es el Torah viviente, y aunque no podemos dudar que en Su crianza José y María le proveyeron instrucción y buen ejemplo, sin duda alguna nuestro Señor estaba también accesando el código eterno que estaba en El, siendo El la Palabra viviente.

Lo triste de esta ocasión es que José y María se comenzaron a regresar a Nazaret, no dándose cuenta de que Jesús no estaba entre ellos. Lo buscaron entre los familiares y las amistades, pero no lo hallaron. Lo hallaron en Jerusalén en el templo después de un día. Jesús estaba en los negocios de Su Padre, o como dice la traducción literal, en lo de Su Padre. ¿Has perdido a Jesús alguna vez en tu vida? ¿Te han llegado momentos donde no lo sientes, ni lo puedes percibir? Lo podrás encontrar en los asuntos del Padre, porque es ahí donde Él nos quiere llevar. No te acostumbres a dejarlo en el Templo, asegúrate de llevártelo para tu casa. No te acostumbres a dejarlo entre familiares y amistades, encárgate tú de Él. ¡Tu relación con Él es única!

El capítulo 2 del evangelio de Lucas termina diciendo que **"Jesús crecía en sabiduría y en estatura, y en gracia para con Dios y los hombres."** Note que ahora hay mención de crecimiento físico, pero no se deja de mencionar su crecimiento en sabiduría y gracia. Reitero nuevamente que el crecimiento espiritual es lo más importante, y después viene todo lo demás.

## La juventud de Jesús

De aquí en adelante no se habla casi nada concerniente a la juventud de Jesús, excepto que Él estaba sujeto a sus padres. Que tremendo que Aquel que sujeta todo con la palabra de Su poder, supo sujetarse en sus etapas de formación y crecimiento humano. Jesús trabajaba como carpintero, en la misma carrera que trabajaba su padre de crianza José.

**Marcos 6:3: "¿No es Éste el carpintero, el hijo de María, hermano de Jacobo, y de José, y de Judas y de Simón?**

¿No están también aquí con nosotros sus hermanas? Y se escandalizaban de Él."

No me maravilla que el Señor tuviera esta carrera. ¿Cuántas vidas no ha construido El, incluyendo la tuya y la mía? Él dijo que construiría Su Iglesia y que las puertas del Hades no prevalecerían contra ella. Dos mil años después, todavía Su Iglesia sigue de pie, y seguirá de pie.

## La formación de Jesús en nosotros y la sujeción

Quiero cerrar este capítulo recordándote que este mismo Jesús que creció y se desarrolló hasta los treinta años cuando comenzó Su ministerio, en plena sujeción a sus padres terrenales y a la Ley de Su Padre Celestial, también tiene que ser formado en nosotros:

Gálatas 4:19: "Hijitos míos, por quienes vuelvo a sufrir dolores de parto, hasta que Cristo sea formado en vosotros."

El carácter de Cristo debe ser nuestro carácter. Esto no es nada fácil ni sucede de la noche a la mañana. Incluso, mientras escribo este libro estoy identificando áreas en mi vida en la cual el carácter de Cristo tiene que ser desarrollado aún más. Lo que si se es que es algo posible y alcanzable. Para eso fue impartido el Espíritu Santo a la Iglesia. Nosotros de nuestras propias fuerzas no lo podemos lograr. Si unimos nuestra voluntad al poder del Espíritu Santo podremos ver el carácter del Señor formado en nosotros. Muriendo al yo, y dejando que El viva en nosotros, podremos producir el fruto evidente de ese carácter cristiano:

Gálatas 5:22-23: "Mas el fruto del Espíritu es amor, gozo, paz, paciencia, benignidad, bondad, fe, mansedumbre, templanza; contra tales cosas no hay ley."

La sujeción es una de las estipulaciones en el reino de Dios. En este Reino no hay espacio para anarquía, o rebelión. Se espera sujeción y obediencia de nuestra parte, y esto no de rutina ni costumbre, ni tampoco por obligación, sino por amor. La sujeción comienza de nuestra parte hacia Dios, pero también con nuestros hermanos en la fe, y líderes espirituales.

**Efesios 5:21: "Sujetaos los unos a los otros en el temor de Dios."**

**Hebreos 13:17: "Obedeced a vuestros pastores, y sujetaos a ellos; porque ellos velan por vuestras almas, como quienes han de dar cuenta; para que lo hagan con alegría, y no gimiendo; porque esto no os es provechoso."**

**1 Pedro 1:22: "Habiendo purificado vuestras almas en la obediencia de la verdad, mediante el Espíritu, para el amor fraternal no fingido, amaos unos a otros entrañablemente, de corazón puro."**

Es el deseo de Dios que crezcamos hasta reflejar a Cristo en la totalidad de Su amor, que es la evidencia primaria de nuestro discipulado y la cualidad que nos define como Iglesia del Señor. No debemos permitir que el conformismo nos ciegue y paralice. Debemos procurar seguir creciendo hasta alcanzar la meta como creyentes que somos:

**Efesios 4:13-16: "Hasta que todos lleguemos en la unidad de la fe y del conocimiento del Hijo de Dios, a un varón perfecto, a la medida de la estatura de la plenitud de Cristo; para que ya no seamos niños fluctuantes, llevados por doquiera de todo viento de doctrina, por estratagema de hombres que para engañar emplean con astucia las artimañas del error. Antes hablando la verdad en amor,**

crezcamos en todas las cosas, en Aquél que es la cabeza, en Cristo; de quien todo el cuerpo bien ligado entre sí, y unido por lo que cada coyuntura suple, conforme a la eficacia y medida de cada miembro, hace que el cuerpo crezca para la edificación de sí mismo en amor."

# Capítulo 5:
# Su Ministerio

### Jesús y Su Experiencia

OÍ A UN MINISTRO EXPRESAR LAS SIGUIENTES palabras las cuales me impactaron: *"Jesús tuvo 30 años de preparación para 3 años y medio de ministerio. Hoy en día la gente se prepara 3 años y medio para 30 años de ministerio."* Procedí en meditar en lo que dijo y me di cuenta de que era verdad. La vida de Jesús fuera del ministerio consumió más tiempo que Su ministerio mismo. No podemos obviar esta realidad, porque esos primeros 30 años de la vida de Jesús no fueron en vano.

Entendamos algo muy importante. Dios es omnisciente y lo sabe todo. Hay abundante evidencia escritural para esto. Sin embargo, en la encarnación del Verbo hay un elemento añadido que muchos pasan por alto: *la experiencia*. Jesús, el Hijo de Dios, nos conoce no solamente por el atributo de la omnisciencia, ¡nos comprende a través de Su experiencia humana! Su sujeción a sus padres terrenales y a la ley de Su padre celestial, Su trabajo secular como carpintero, y Sus experiencias año tras año en las fiestas y costumbres judías lo prepararon para las interacciones que tuvo con la gente durante Su ministerio.

A través de las experiencias humanas de esos 30 años, Jesús se podía identificar culturalmente, socialmente, y humanamente con las audiencias a las cuales les ministraba. Por eso no podemos minimizar el factor de la experiencia. La experiencia nos permite identificarnos con otras personas y sus circunstancias, y entenderlos no solamente porque nuestra inteligencia nos permite comprender los detalles de sus dilemas, sino también porque hemos vivido por lo que ellos están viviendo. Eso trae unificación entre el que ministra y los que son ministrados.

## Jesús y el Servicio

Antes de progresar a hablar sobre el bautismo de Jesús, me detengo a recordarte que la palabra ministerio significa literalmente servicio. Los servidores más efectivos son aquellos que están identificados con las necesidades de aquellos a quienes sirven. El servidor tiene un jefe a quien responder, y que también tiene expectativas del servidor. Al servidor entender las expectativas de los que son servidos porque ha estado en sus zapatos, puede servir con mejor excelencia. Jesús, entonces, sirve como el mejor mediador entre Dios y los hombres, porque puede representar a Dios ante los hombres por Su divinidad, y a la misma vez puede representar a los hombres ante Dios por Su humanidad. Al tener experiencia en ambas esferas, puede llenar las expectativas de ambos.

Y hablando de servicio, hoy en día muchos ministran por fama, fortuna, y prestigio personal, pero no para genuinamente alcanzar las vidas y edificar el cuerpo de Cristo. El ministerio no se trata del ego humano, se trata acerca de ser un vehículo a través del cual Dios toca, impacta, y transforma vidas. Si quieres ser grande en el Reino de Dios, esta es la fórmula:

**Mateo 20:26: "Mas entre vosotros no será así, sino que el que quisiere ser grande entre vosotros, sea vuestro servidor."**

El ministerio, si no nos cuidamos, se puede convertir en lo opuesto a la intención para lo que fue diseñado por el Señor: puede convertirse en un vehículo para la auto grandeza. Esto nos puede suceder si olvidamos lo que Jesús vino a hacer. Recordemos el propósito por el cual vino y la actitud que definió su ministerio:

> **Marcos 10:45: "Porque el Hijo del Hombre no vino para ser servido, sino para servir, y dar su vida en rescate por muchos."**

## Jesús y Juan el Bautista

Los cuatro evangelios hablan acerca del bautismo de Jesús. Es una de las pocas ocurrencias mencionadas por todos los evangelios. Previo al bautismo, Juan el Bautista había pasado tiempo predicando a aquella generación y preparándolos para la manifestación de Jesús:

> **Lucas 1:17: "Porque él irá delante de Él en el espíritu y el poder de Elías, para hacer volver los corazones de los padres a los hijos, y los desobedientes a la sabiduría de los justos, para preparar un pueblo dispuesto para el Señor."**

> **Lucas 3:2-4: "siendo sumos sacerdotes Anás y Caifás, vino palabra de Dios a Juan, hijo de Zacarías, en el desierto. Y él vino por toda la tierra alrededor del Jordán predicando el bautismo del arrepentimiento para la remisión de pecados, como está escrito en el libro de las palabras del profeta Isaías que dice: Voz del que clama en el desierto: Preparad el camino del Señor; Enderezad sus sendas."**

¡Cuán importante fue el ministerio de Juan el Bautista! El vino a abrir surcos, y preparar a aquella generación para el Hijo de Dios. Cuán importante es que reconozcamos como Iglesia la necesidad de trabajar en equipo. En una época donde predomina la prepotencia del ego y habilidades humanas, necesitamos recordar que no podemos lograr las cosas solos. Necesitamos ayuda y necesitamos otras perspectivas. Necesitamos a otros que son fuertes donde nosotros somos débiles, y necesitamos a otros que son expertos donde nos falta experiencia. Necesitamos mentores, consejeros, y personas que nos den "ojos nuevos." En fin, nos necesitamos los unos a los otros.

También es de destacar que Juan el Bautista conocía su asignación y se conformó con él. El conocía cuál era su propósito, y lo supo desde el momento que comenzó a saltar en el vientre de su madre cuando ella oyó la voz de María, quien estaba hablando, como expresamos en el capítulo anterior, con Jesús por dentro. Él no se sentía inferior por no ser el Mesías, se sintió satisfecho al ser el que preparó el camino:

> **Juan 3:28-30: "Vosotros mismos me sois testigos de que dije: Yo no soy el Cristo, sino que soy enviado delante de Él. El que tiene la esposa, es el esposo, más el amigo del esposo, que está en pie y le oye, se goza grandemente de la voz del esposo. Así pues, este mi gozo es cumplido. Es necesario que Él crezca, y que yo mengüe."**

Podremos reconocer como Juan, ¿que el importante aquí es Jesús y no nosotros? ¿Podremos reconocer que nuestra asignación no es ser la estrella del momento, sino señalar a Aquel que es la estrella resplandeciente de la mañana? ¿Podremos reconocer que fuimos llamados a preparar el camino para Su llegada? Si lo podemos reconocer, entonces nuestros ánimos no descenderán cuando vienen a nosotros buscándolo a Él, y nosotros desaparecemos del escenario. Si lo podemos reconocer, entonces podremos sentir satisfacción con haber formado parte del plan divino de redención. Si lo podemos reconocer, entonces nos regocijaremos al ver cumplido el propósito por el cual fuimos llamados, ¡señalar a Jesús!

Si no lo podemos reconocer, nos puede pasar lo que le paso a Juan el Bautista al final de su vida:

**Lucas 7:20-23: "Y cuando los hombres vinieron a Él, dijeron: Juan el Bautista nos ha enviado a ti, para preguntarte: ¿Eres tú Aquél que había de venir, o esperaremos a otro? Y en la misma hora sanó a muchos de enfermedades y plagas, y de malos espíritus; y a muchos ciegos dio la vista. Y respondiendo Jesús, les dijo: Id, decid a Juan lo que habéis visto y oído; cómo los ciegos ven, los cojos andan, los leprosos son limpiados, los sordos oyen, los muertos son resucitados y a los pobres es predicado el evangelio; y bienaventurado es aquel que no fuere escandalizado en mí."**

Como observó un destacado predicador, el Juan inconsciente en el vientre de Elizabet pudo reconocer quien era Jesús, pero después el Juan consciente no pudo reconocer quien Él era. Juan estaba encarcelado, y quizás esa realidad le había traído duda a su vida. Quizás el, al igual que aquellos que tenían la creencia tradicional judía, pensaba que al Mesías llegar se iniciaría el día del Señor, donde las naciones serian juzgados e Israel seria libertado de su opresión, y el reino de Dios se manifestaría desde Jerusalén. Juan, estando próximo a morir, no ve estas manifestaciones según la opinión del día, y duda de Jesús.

No debemos permitir que nuestras opiniones o convicciones personales, a veces alimentadas por malinterpretaciones bíblicas o teológicas, nos desenfoquen de realizar nuestro propósito, que es cumplir nuestra asignación divina. Tampoco debemos olvidar para quien trabajamos. Dios se encargará de nosotros, aun en nuestros momentos difíciles. Si nos encontrásemos en una celda fría y oscura, olvidados por todos, Él no nos abandonara, ni olvidara la labor que hemos hecho para Su gloria. Incluso, el mismo Jesús, aun con esta pregunta absurda que Juan manda a sus discípulos a preguntarle, no difama a Juan ni lo minimiza. El Maestro pronuncia una palabra de amor, pero de reprensión: **"...Bienaventurado el que no halla tropiezo, (o escándalo), en mí."** Observe como se expresa Jesús de Juan el Bautista:

> **Lucas 7:27-28: "Éste es de quien está escrito: He aquí, envío mi mensajero delante de tu faz, el cual preparará tu camino delante de ti. Porque os digo que, entre los nacidos de mujer, no hay mayor profeta que Juan el Bautista; pero el más pequeño en el reino de Dios, mayor es que él."**

¡Si los ministerios jóvenes se comportaran como Jesús, que gloriosa harmonía hubiera entre los sucesores y los que están siendo sucedidos! Jesús honró a Juan, aun cuando Juan no honró a Jesús. Hablando con franqueza, a veces los ministerios que nos anteceden no están en la mejor disposición de "pasar la batuta." Desean morir con "las botas puestas." A veces no se dan de cuenta que su tiempo les llego, y que es la hora de transferir la responsabilidad al próximo que le toca. Aun así, lo correcto de los sucesores es honrar al ministerio antecedente delante del pueblo que ahora le corresponde administrar. No hay que ser derogatorio ni burlón, el mismo pueblo se dará cuenta de la necesidad del cambio, y ellos mismos harán la transición.

## Juan y su Bautismo

El acto del bautismo no era un concepto nuevo, ni era algo que Juan el Bautista inventó. Los judíos tenían una especie de piscina llamado mikveh, o mikvah. Las aguas en esta piscina eran de fuentes naturales subterráneas, o colectadas mediante lluvia, o mediante colección de ríos, etc. Estas piscinas fueron usadas para purificación ritual, para la mujer purificarse después de su menstruación o alumbramiento. Eran usado por hombres judíos después de haber sostenido relaciones sexuales y eyaculado. También eran usado como procedimiento tradicional para la conversión de alguien al judaísmo. Entre otros usos encontramos el lavar utensilios usados en servir y comer comidas, y adicionalmente lavar a un cadáver para preparación para el entierro.

Por lo tanto, el sumergirse en las aguas no era nada nuevo. Cuando Juan el Bautista comienza a predicar y su mensaje comienza a redargüir a los oyentes, ellos responden con un acto visible de arrepentimiento, sumergiéndose en las aguas. Eso quiere decir que hubo una señal visible de una reacción interna invisible. No podemos dejar afuera la importancia de esto, porque en **Mateo 3:8** Juan el Bautista le dijo a algunos de la audiencia: **"Haced, pues, frutos dignos de arrepentimiento."**

¿Y quienes eran aquellos a quienes él les dijo esto? ¡Fariseos y Saduceos! Los religiosos de la época recibieron una exhortación a producir evidencia de su arrepentimiento, con una conducta transformada. No tenían derecho a reclamar los beneficios del pacto abrahámico solo por descendencia étnica. Tenía que haber una humillación interna verdadera, que produjera una conducta diferente. Ese sería la señal de que la palabra de Dios había logrado un efecto verdadero en sus vidas. Mi amado lector, esto sigue siendo una verdad en nuestro tiempo. La gente solo sabrá que nuestra fe es válida cuando nuestro comportamiento lo demuestra. ¿Conoce Dios nuestros corazones? ¡Seguro que sí! Pero la gente ve nuestras acciones. Además, **Santiago 2:26** nos recuerda que **"...la fe sin obras es muerta."**

Juan el Bautista también le predicó no solo al pueblo común y a los religiosos, sino también a publicanos y aun a soldados, como vemos en el capítulo 3 de Lucas. Esto debe recordarnos como creyentes que nuestro mensaje no debe limitarse a una clase social en específico, o raza específica, o solo los que se congregan.

Debemos hablarle a los que están "arriba" y los que están "abajo," a los que están "adentro" y los que están "afuera." Por todos murió Jesús, y a todos les debemos de comunicar el mensaje del evangelio. ¡Por eso no puede existir racismo ni elitismo en los creyentes!

## Jesús y Su Bautismo

Cuando a Jesús le toca ser bautizado, (y el griego sugiere sumersión), Juan el Bautista reconoce que quien debiera ser bautizado era el por Jesús. Pero Jesús se sometió al proceso del bautismo. Aquel que no tenía ni una onza de pecaminosidad, ni tenía necesidad de arrepentirse, se dejó bautizar:

**Mateo 3:15-17: "Pero Jesús respondió, y le dijo: Deja ahora; porque nos es preciso cumplir así toda justicia. Entonces le dejó. Y Jesús, después que fue bautizado, subió luego del agua; y he aquí los cielos le fueron abiertos, y vio al Espíritu de Dios que descendía como paloma, y venía sobre Él. Y he aquí una voz del cielo que decía: Éste es mi Hijo amado, en quien tengo contentamiento."**

¡Que humildad! Aquel por medio del cual los cielos y la tierra fueron hechos se deja bautizar por la creación. Inmediatamente, los cielos son abiertos, y el Espíritu Santo desciende de forma visible, como paloma. Esta era la señal que fue dado a Juan el Bautista para que pudiera tener confirmación:

**Juan 1:29-34: "El siguiente día vio Juan a Jesús que venía a él, y dijo: He aquí el Cordero de Dios, que quita el pecado del mundo. Éste es Aquél de quien yo dije: Después de mí viene un varón, el cual es antes de mí; porque era primero que yo. Y yo no le conocía; más para que fuese manifestado a Israel, por eso vine yo bautizando en agua. Y Juan dio testimonio, diciendo: Vi al Espíritu descender**

**del cielo como paloma, y permanecer sobre Él. Y yo no le conocía; pero el que me envió a bautizar en agua, Éste me dijo: Sobre quien veas descender el Espíritu, y que permanece sobre Él, Éste es el que bautiza con el Espíritu Santo. Y yo le vi, y he dado testimonio de que Éste es el Hijo de Dios."**

Notemos que la voz del Padre celestial es manifiesta, dando aprobación y testimonio de Su Hijo. Esto nos indica, que Jesús, sin haber hecho un solo milagro o señal sobrenatural, había agradado al Padre en plenitud por los primeros treinta años de Su vida. Su conducta hasta ese momento, aunque quizás ordinario y cotidiano a muchos, fue lo suficiente para que Dios emitiera Su voz, siendo la humildad al dejarse bautizar "la cereza de encima." ¿Podrá el Padre celestial testificar de nosotros a ese nivel? No tenemos que ser super ministros, ni super creyentes, si somos fieles y sumisos como Jesús lo fue, el Padre podrá también dar testimonio de nosotros.

## El Creyente y su bautismo

Hay muchos que, escudándose en la experiencia del ladrón en la cruz, afirman que el bautismo en agua no es salvífico, o sea, nadie se salva por el ritual del bautismo. Concuerdo con eso, en el contexto en que ningún ritual nos salva, somos salvos por gracia mediante la fe en Jesús. No obstante, el bautismo en agua es una señal simbólica para la iglesia y el mundo que nos rodean. Citemos algunos versos bíblicos:

**Romanos 6:4: "Porque somos sepultados con Él en la muerte por el bautismo; para que como Cristo resucitó de los muertos por la gloria del Padre, así también nosotros andemos en novedad de vida."**

Colosenses 2:12: "Sepultados con Él en el bautismo, en el cual también sois resucitados con Él, mediante la fe en el poder de Dios que le levantó de los muertos."

1 Pedro 3:21: "A la figura de lo cual el bautismo que ahora corresponde nos salva (no quitando las inmundicias de la carne, sino como testimonio de una buena conciencia delante de Dios) por la resurrección de Jesucristo."

En estos versos vemos que el bautismo en agua es más que un ritual físico, es un acto simbólico. El creyente muere a sí mismo y es enterrado con Jesús en Su muerte, mediante la sumersión en las aguas, y después resucita con Jesús, al subir del agua.

A pesar de que vemos el bautismo practicado en el Nuevo Testamento, en el Antiguo Testamento vemos algunas ocurrencias que señalan hacia el bautismo. Veamos algunos ejemplos:

2 Reyes 5:11-14: "Y Naamán se fue enojado, diciendo: He aquí yo decía para mí: Saldrá él luego, y estando en pie invocará el nombre de Jehová su Dios, y alzará su mano, y tocará el lugar, y sanará la lepra. Abana y Farfar, ríos de Damasco, ¿no son mejores que todas las aguas de Israel? Si me lavare en ellos, ¿no seré también limpio? Y se volvió, y se fue enojado. Mas sus criados se acercaron a él, y le hablaron, diciendo: Padre mío, si el profeta te mandara alguna gran cosa, ¿no la harías? ¿Cuánto más, diciéndote: ¿Lávate, y serás limpio? Él entonces descendió, y se zambulló siete veces en el Jordán, conforme a la palabra del varón de Dios; y su carne se volvió como la carne de un niño, y fue limpio."

1 Corintios 10:1-2: "Mas no quiero, hermanos, que ignoréis que nuestros padres todos estuvieron bajo la

**nube, y todos pasaron a través del mar; y todos en Moisés fueron bautizados en la nube y en el mar."**

**1 Pedro 3:20-21: "los cuales en tiempo pasado fueron desobedientes, cuando una vez esperaba la paciencia de Dios en los días de Noé, mientras se aparejaba el arca; en la cual pocas personas, es decir, ocho almas fueron salvadas por agua. A la figura de lo cual el bautismo que ahora corresponde nos salva (no quitando las inmundicias de la carne, sino como testimonio de una buena conciencia delante de Dios) por la resurrección de Jesucristo."**

Noe, la nación de Israel, y Naamán son símbolos del bautismo en el Antiguo Testamento. Es importante reconocer el simbolismo del acto bautismal para nosotros, los creyentes del nuevo pacto, porque es un anuncio al mundo de que estamos abandonando la vida antigua de pecado y esclavitud para abrazar la nueva vida de libertad y pureza en Cristo. El acto como tal, es un mandato de Jesús a Sus discípulos en **Mateo 28:19** y es parte de la gran comisión de la Iglesia. Pero si la experiencia genuina del nuevo nacimiento no ha ocurrido de manera espiritual en la vida del que se bautiza, con toda franqueza, ¡lo único que hace es mojarse! Es por lo tanto que este acto necesita un ingrediente indispensable, algo que energice el acto, y lo haga más que un ritual simbólico. ¡Hace falta la presencia del Espíritu Santo de Dios!

## El Empoderamiento de Jesús

Juan el Bautista vio al Espíritu Santo descender sobre Jesús en forma visible como paloma. La manifestación del Espíritu Santo de esta manera, comportándose como ave, no es nada nuevo. En **Genesis 1:2** Moisés dice que *"...el Espíritu de Dios se movía sobre la faz de las aguas."* La palabra hebrea traducida *"se movía"*, también puede traducirse *"revoloteaba,"* y es usada para describir como la gallina se mueve para incubar sus huevos y luego como protege a sus polluelos. En **Deuteronomio 32:11** encontramos un ejemplo del uso de este verbo:

> **"Como un águila que despierta su nidada, Que revolotea sobre sus polluelos, Extendió Sus alas y los tomó, Los llevó sobre Su plumaje."**

No puede haber mayor confirmación de que Jesús tenía ese mismo Espíritu operando en y a través de El que lo que hallamos en **Mateo 23:37**:

> **"¡Jerusalén, Jerusalén, la que mata a los profetas y apedrea a los que son enviados a ella! ¡Cuántas veces quise juntar a tus hijos, como la gallina junta sus pollitos debajo de sus alas, y no quisiste!"**

Quiero que notes que hay un paralelo entre lo que vemos en Jesús y lo que ocurre en la vida del creyente del nuevo pacto. Jesús ya tenía la naturaleza divina en El cómo Hijo de Dios, y había vivido una vida pura hasta el momento de Su bautismo, porque había nacido de Dios. Ahora en Su bautismo viene el Espíritu sobre El en calidad de empoderamiento para un ministerio de señales, prodigios, y palabra ungida. ¿Significa esto que el Espíritu Santo estaba ausente en la vida de Jesús anteriormente?

¡La contesta a esta pregunta es un rotundo No! El Espíritu Santo hizo posible la encarnación del Verbo, realizando la concepción de Jesús en el vientre de María. Si Jesús pudo hablarle a Nicodemo acerca de nacer del Espíritu, era porque Él lo había experimentado primero. Incluso, le dijo a Nicodemo en **Juan 3:5** que "**...el que no naciere del agua y del Espíritu, no puede entrar en el reino de Dios.**" Muchos comentaristas bíblicos interpretan, y yo concuerdo con ellos, que Jesús está haciendo referencia al bautismo en agua, y el bautismo en el Espíritu Santo.

Muchos creen que la señal oficial del bautismo del Espíritu Santo es el hablar en lenguas, según lo que leemos en **Hechos 2**. Sin embargo, no hay evidencia escritural que nuestro Señor haya hablado en lenguas en alguna ocasión, y leímos anteriormente que no solo había nacido del Espíritu, ¡sino que también fue empoderado por el Espíritu! Aunque personalmente agradezco a Dios por la experiencia del hablar en lenguas, reconozco que la señal más contundente de estar lleno del Espíritu es el fruto espiritual que producimos. Ya hemos citado anteriormente el pasaje de **Gálatas 5:22-23** que menciona manifestaciones de ese fruto. Quisiera también citar algo que el Apóstol Pablo expreso:

> **1 Corintios 12:13: "Porque por un solo Espíritu somos todos bautizados en un cuerpo, ya sean judíos o gentiles, ya sean siervos o libres; y todos hemos bebido de un mismo Espíritu."**

Luego en ese capítulo Pablo hace las siguientes preguntas:

> **1 Corintios 12:29-31: "¿Son todos apóstoles? ¿Son todos profetas? ¿Todos maestros? ¿Hacen todos milagros? ¿Tienen todos dones de sanidad? ¿Todos hablan lenguas? ¿Interpretan todos? Procurad, pues, los dones mejores; más yo os muestro un camino aún más excelente."**

Por lo tanto, podemos concluir que, aunque todos los creyentes en Jesús son bautizados en el Espíritu Santo al ser hechos miembros del cuerpo de Cristo, no todos tendrán los mismos dones o capacidades, y no todos hablarán en lenguas o harán milagros, aunque ya tienen al Espíritu. El mismo Pablo le muestra a la iglesia de los corintios un camino más excelente que los dones: ¡*El AMOR*! El dedica todo el capítulo 13 a ese tema. Es el primer fruto mencionado en **Gálatas 5:22** y el ultimo mencionado en **2 Pedro 1:7**. Todo empieza y termina con el amor!

El nuevo nacimiento del creyente es lo primero y esencial. Y por supuesto, esto solo puede ocurrir por el Espíritu Santo. Así que, de la manera en que nuestro Señor fue concebido por el Espíritu primero y después empoderado por el Espíritu, asimismo sucede en la vida del creyente. Primero nacemos de nuevo por el Espíritu y después somos empoderados por el Espíritu para poder ser testigos de Jesús.

Esto mismo sucedió en la vida de los apóstoles. Antes de ellos recibir el empoderamiento del Espíritu Santo en **Hechos 2**, primero lo habían recibido en **Juan 20:22** cuando el Jesús resucitado se los impartió:

> **Juan 20:22: "Y habiendo dicho esto, sopló en ellos, y les dijo: Recibid el Espíritu Santo."**

Entonces vemos que en este pasaje de **Juan 20** ellos fueron regenerados, (nacieron de nuevo). Ya la obra salvífica había sido realizada. Jesús había muerto y resucitado, habiendo provisto redención con el derramamiento de Su sangre y ahora proveyendo vida eterna con Su resurrección. Él les impartió vida nueva a los discípulos. Nacen de nuevo en ese momento y son purificados, preparándolos para el empoderamiento varias semanas después.

No invirtamos el orden, queriendo poder sin primero ser regenerados. Primero permitamos que el poder del Espíritu Santo nos transforme, purifique, y prepare para que luego ese mismo poder nos capacite para testificar efectivamente de Jesús. Si no tienes señales sobrenaturales no te preocupes, tu vida transformada será la mayor evidencia de que Su presencia habita en ti. Si tienes señales, gloria a Dios, pero recuerda lo que Jesús les dijo a Sus discípulos en **Lucas 10:20**:

"Sin embargo, no se regocijen en esto, de que los espíritus se les sometan, sino regocíjense de que sus nombres están escritos en los cielos."

## Plenitud Ministerial y Carismática

En Jesús fueron manifiestos los dones mencionados por el Apóstol Pablo:

### 1) Los Dones de Oficio Ministerial

Efesios 4:11: "Y Él mismo dio a unos, apóstoles; y a unos, profetas; y a unos, evangelistas; y a unos, pastores y maestros;"

a) Jesús el Apóstol – Hebreos 3:1: "Por tanto, hermanos santos, participantes del llamamiento celestial, considerad al Apóstol y Sumo Sacerdote de nuestra profesión, Cristo Jesús;"

b) Jesús el Profeta – Mateo 21:11: "Y la multitud decía: Éste es Jesús el profeta, de Nazaret de Galilea."

c) Jesús el Evangelista – Mateo 4:23: "Y recorría Jesús toda Galilea, enseñando en las sinagogas de ellos, y predicando el evangelio del reino, y sanando toda enfermedad y toda dolencia en el pueblo."

d) Jesús el Pastor – Juan 10:11: "Yo soy el buen pastor; el buen pastor su vida da por las ovejas."

e) Jesús el Maestro – Juan 3:2: "Éste vino a Jesús de noche y le dijo: Rabí, sabemos que has venido de Dios por maestro; pues nadie puede hacer los milagros que tú haces, si no está Dios con él."

## 2) Los Dones Carismáticos

**1 Corintios 12:7-10:** "Pero a cada uno le es dada manifestación del Espíritu para provecho. Porque a la verdad, a éste es dada por el Espíritu palabra de sabiduría; a otro, palabra de ciencia por el mismo Espíritu; a otro, fe por el mismo Espíritu, y a otro, dones de sanidades por el mismo Espíritu; a otro, el hacer milagros, y a otro, profecía; a otro, discernimiento de espíritus; a otro, diversos géneros de lenguas; y a otro, interpretación de lenguas."

a) **Palabra de Sabiduría** – Mateo 13:54: "Y venido a su tierra, les enseñaba en la sinagoga de ellos, de tal manera que ellos estaban atónitos, y decían: ¿De dónde tiene Éste esta sabiduría y estos milagros?"

b) **Palabra de Ciencia** – Juan 4:16-19: "Jesús le dijo: Ve, llama a tu marido, y ven acá. Respondió la mujer y dijo: No tengo marido. Jesús le dijo: Bien has dicho: No tengo marido; porque cinco maridos has tenido, y el que ahora tienes no es tu marido; esto has dicho con verdad. La mujer le dijo: Señor, me parece que tú eres profeta."

c) **Fe** – Mateo 21:19-21: "Y viendo una higuera cerca del camino, vino a ella, y no halló nada en ella, sino hojas solamente, y le dijo: Nunca más nazca fruto de ti, por siempre. Y al instante se secó la higuera. Y viéndolo los discípulos, se maravillaron y decían: ¡Cómo es que tan pronto se secó la higuera! Y respondiendo Jesús les dijo: De cierto os digo que, si tuviereis fe, y no dudareis, no sólo haréis esto de la higuera, sino que si a este monte dijereis: Quítate y échate en el mar, será hecho."

d) Sanidades – Mateo 4:24: "Y corrió su fama por toda Siria. Y les traían a todos los enfermos que eran tomados de diversas enfermedades y tormentos; los endemoniados, los lunáticos y los paralíticos; y los sanaba."

e) Milagros – Juan 2:23: "Y estando en Jerusalén, en la pascua, en el día de la fiesta, muchos creyeron en su nombre, viendo los milagros que hacía."

f) Profecía – Juan 21:18-19: "De cierto, de cierto te digo: Cuando eras más joven, te ceñías e ibas a donde querías; pero cuando ya seas viejo, extenderás tus manos, y te ceñirá otro, y te llevará a donde no quieras. Esto dijo, dando a entender con qué muerte había de glorificar a Dios. Y dicho esto, le dijo: Sígueme."

g) Discernimiento – Marcos 2:8: "Y al instante Jesús, conociendo en su espíritu que pensaban de esta manera dentro de sí mismos, les dijo: ¿Por qué pensáis estas cosas en vuestros corazones?"

No vemos a Jesús hablar en otras lenguas ni interpretarlas, eso sería manifiesto más luego en la Iglesia primitiva. Además, Jesús fue enviado específicamente al pueblo judío, no necesitaba hablar en otras lenguas.

## 3) Los Dones de Gracia

Romanos 12:6-8: "Teniendo, pues, diversidad de dones según la gracia que nos es dada, si profecía, profeticemos conforme a la medida de la fe; o si ministerio, usémoslo en ministrar; el que enseña, en la enseñanza; el que exhorta, en la exhortación; el que da, hágalo con sencillez; el que preside, con diligencia; el que hace misericordia, con alegría."

a) <u>Profecía</u> – Mateo 26:74-75: "Entonces comenzó a maldecir, y a jurar, diciendo: No conozco al hombre. Y en seguida cantó el gallo. Y Pedro se acordó de las palabras de Jesús, que le dijo: Antes que el gallo cante, me negarás tres veces. Y saliendo, lloró amargamente."

b) <u>Servicio</u> – Marcos 10:45: "Porque el Hijo del Hombre no vino para ser servido, sino para servir, y dar su vida en rescate por muchos."

c) <u>Enseñanza</u> – Mateo 11:1: "Y aconteció que cuando Jesús terminó de dar comisión a sus doce discípulos, se fue de allí a enseñar y predicar en las ciudades de ellos."

d) <u>Exhortación</u> – Lucas 13:4-5: "O aquellos dieciocho sobre los cuales cayó la torre en Siloé, y los mató, ¿pensáis que ellos eran más pecadores que todos los hombres que habitan en Jerusalén? Os digo: No, antes si no os arrepentís, todos pereceréis igualmente."

e) <u>Dar</u> – Lucas 4:18: "El Espíritu del Señor está sobre mí: Por cuanto me ha ungido para dar buenas nuevas a los pobres: Me ha enviado para sanar a los quebrantados de corazón: Para predicar libertad a los cautivos: Y a los ciegos vista: Para poner en libertad a los quebrantados:"

f) <u>Presidir</u> – Juan 17:12: "Cuando estaba con ellos en el mundo, yo los guardaba en tu nombre; a los que me diste yo los guardé; y ninguno de ellos se perdió, sino el hijo de perdición; para que la Escritura se cumpliese."

g) <u>Misericordia</u> – Marcos 6:34: "Y saliendo Jesús, vio una gran multitud, y tuvo compasión de ellos porque eran como ovejas que no tenían pastor, y comenzó a enseñarles muchas cosas."

En Jesús estaba toda la plenitud de la manifestación del Espíritu Santo. Isaías anunció esto y Juan lo vio:

> **Isaías 11:1-2: "Y saldrá una vara del tronco de Isaí, y un Vástago retoñará de sus raíces. Y reposará sobre Él el Espíritu de Jehová; espíritu de sabiduría y de inteligencia, espíritu de consejo y de poder, espíritu de conocimiento y de temor de Jehová."**

> **Apocalipsis 5:6: "Y miré; y, he aquí, en medio del trono y de los cuatro seres vivientes, y en medio de los ancianos, estaba en pie un Cordero como inmolado, que tenía siete cuernos y siete ojos, que son los siete Espíritus de Dios enviados a toda la tierra."**

Soy de la persuasión de que los todos los dones mencionados por el Apóstol Pablo en sus epístolas están disponibles para la Iglesia de la actualidad. En el contexto de los dones de oficio ministerial, si creo que los ministerios de apóstol y profeta todavía funcionan. Es mi convicción que el apostolado moderno es el ministerio del misionero, y que el ministerio del profeta se puede hallar en el ministerio del predicador.

También creo que los dones carismáticos todavía siguen en operación. Creo esto por convicción bíblica y también por experiencia personal. No hay un solo creyente que tenga todos operando a la misma vez, pues si ese fuese el caso entonces no habría necesidad de diversidad de ministerios y operaciones. En Jesús hubo toda plenitud, pero El las repartió a la Iglesia según Su voluntad. Cada ministerio debe reflejar a Jesús de manera particular, y cuando la Iglesia se une entonces el cuadro queda completado. De que alguien puede ser dotado en más de un don en su vida eso es una realidad, pero observe lo que dice Pablo:

**1 Corintios 12:28-30: "Y a unos puso Dios en la iglesia, primeramente apóstoles, lo segundo profetas, lo tercero maestros; luego milagros; después dones de sanidades, ayudas, gobernaciones, diversidad de lenguas. ¿Son todos apóstoles? ¿Son todos profetas? ¿Todos maestros? ¿Hacen todos milagros? ¿Tienen todos dones de sanidad? ¿Todos hablan lenguas? ¿Interpretan todos?"**

Además, servir, equipar, y edificar deberían ser los propósitos primordiales de los dones, no para engrandecer al individuo que Dios usa, sino al Dios que lo usa. Históricamente ha habido abusos y desbalances con este asunto de los ministerios y los dones, pero el mal uso de algo no implica que no pueda ser usado correctamente. Lo que tenemos que hacer es pedirle al Espíritu Santo que nos guie, eduque, y forme en estas áreas, para ser responsables y edificar en vez de derribar:

**Efesios 4:12-16: "a fin de perfeccionar a los santos para la obra del ministerio, para la edificación del cuerpo de Cristo; hasta que todos lleguemos en la unidad de la fe y del conocimiento del Hijo de Dios, a un varón perfecto, a la medida de la estatura de la plenitud de Cristo; para que ya no seamos niños fluctuantes, llevados por doquiera de todo viento de doctrina, por estratagema de hombres que para engañar emplean con astucia las artimañas del error. Antes hablando la verdad en amor, crezcamos en todas las cosas, en Aquél que es la cabeza, en Cristo; de quien todo el cuerpo bien ligado entre sí, y unido por lo que cada coyuntura suple, conforme a la eficacia y medida de cada miembro, hace que el cuerpo crezca para la edificación de sí mismo en amor."**

## Jesús y la Tentación

**Mateo 4:1:** "Entonces Jesús fue llevado por el Espíritu al desierto, para ser tentado por el diablo."

**Lucas 4:1:** "Y Jesús, lleno del Espíritu Santo, volvió del Jordán, y fue llevado por el Espíritu al desierto."

El Espíritu Santo, al venir sobre Jesús, no lo guía rápidamente a predicar o ministrar milagros. Lo guía primero para enfrentar a un adversario que nos es común a toda la humanidad, convertido o no, y ese adversario es el diablo. ¡Cuán poderosa es esta lección para los que ministramos! Muchos quieren experimentar victorias públicas, cuando sufren derrotas en privado. Jesús tuvo una temporada de 40 días y noches en ayuno, venciéndose a Si mismo. ¿Como puede usted escribir tal cosa, pregunta usted? ¡Sencillo! El que Jesús no haya pecado, no quiere decir que no fue tentado. Y si fue tentado, es porque en Su humanidad tenía áreas vulnerables como todos nosotros. Es por eso mismo que el ayuno previo a la tentación fue una preparación para estar en completa sujeción al Padre y sujeción de la carne.

Los ejercicios espirituales de la oración y el ayuno son esenciales en el auto dominio. La consagración no es legalismo. Mediante la comunión con Dios y el tiempo apartado con Él, le decimos a nuestro ego que se sujete a las directrices y voluntad Divina. Los miembros de nuestro cuerpo responden a las órdenes que nuestra mente les da. Si nuestra mente está sujeto a Cristo nuestros miembros también lo estarán. Pero nuestra mente no puede estar sujeto a Cristo si nuestro espíritu no lo está. Es por eso que la oración y comunión con Dios no deben ser rituales religiosos para calmar la conciencia, deben ser métodos a través de las cuales nuestra relación con Dios aumenta y se fortalece. Nos llevaran a una mayor conexión al Espíritu Santo, y así no seremos presa de nosotros mismos.

Recuerde que quien no se vence a sí mismo, no podrá vencer al mundo, y quien no vence al mundo, no puede vencer al diablo. El diablo usa el mundo para tentarnos, ofreciéndonos placer, riquezas, fama, etc., a cambio de nuestra desobediencia y entrega al pecado. Analicemos de la manera en que el adversario tentó a nuestro Señor, porque actualmente está usando estas mismas tentaciones contra la iglesia del Señor:

> 1) **El diablo apela a Jesús a que usara Su poder para saciar los deseos de Su carne, tratando de convencerlo a que convirtiera las piedras en pan para saciar Su hambre y probar que era el Hijo de Dios. De esta misma manera nos tienta hoy para que usemos el poder de Dios para satisfacer nuestros caprichos y probar quienes somos.**

> 2) **El diablo apela a Jesús a que se arriesgara a tirarse del pináculo del Templo en Jerusalén, para que se probara que la promesa de Salmos 91:11-12 se cumpliría. De esta misma manera nos tienta hoy para que tomemos riesgos innecesarios para poner a prueba las promesas de Dios y terminemos tentando a Dios.**

> 3) **El diablo apela a Jesús a que le adore y a cambio reciba riquezas y gloria humana. De igual manera nos ofrece fama, fortuna, etc. a cambio de que le rindamos una adoración que solo le pertenece a Dios.**

Jesús venció al adversario por Su palabra. La palabra de Dios es la única arma de ofensiva mencionada en la lista de la armadura de Dios en **Efesios 6:14-18**. Esa es la espada del Espíritu y el arma de victoria que nos lleva a la victoria sobre nosotros mismos, sobre el mundo, y sobre el diablo. Nuestra reputación, grado honorifico, conocimiento, experiencia, etc. no son suficientes para derrotar a nuestro enemigo, necesitamos la "rhema" de Dios, como es descrito en Efesios. Esa "rhema" es la palabra necesaria en el momento necesario. El Espíritu Santo nos recuerda la Palabra en el momento oportuno, y así podemos vencer cualquier situación y tentación.

## Señales y Prodigios

**Hechos 2:22: "Varones israelitas, oíd estas palabras: Jesús Nazareno, varón aprobado de Dios entre vosotros con milagros y prodigios, y señales que Dios hizo en medio de vosotros por medio de Él, como también vosotros sabéis."**

**Hechos 10:38: "cómo Dios ungió a Jesús de Nazaret con el Espíritu Santo y con poder; el cual anduvo haciendo el bien, y sanando a todos los oprimidos del diablo; porque Dios estaba con Él."**

Satanás, al no poder vencer a Jesús en el desierto, se retira de El por un tiempo. Pero sus ataques continuaron mediante sus agentes de maldad, los demonios. Estos espíritus incorpóreos toman la mente y cuerpo de seres humanos descuidados y los poseen para realizar sus propósitos nefastos. Jesús ejerció autoridad para expulsarlos de los cuerpos como señal de la llegada del reino de Dios:

**Mateo 12:28: "Pero si Yo expulso los demonios por el Espíritu de Dios, entonces el reino de Dios ha llegado a ustedes."**

Jesús echo fuera muchísimos demonios durante Su ministerio terrenal, y de la forma en que lo hacía impactaba a la gente. Había muchas formulas, rituales, y maneras en que la gente en aquellos tiempos practicaba los exorcismos, pero lo que distinguía a Jesús era que Él los ordenaba a salir con autoridad por Su palabra:

**Marcos 1:27: "Y todos estaban maravillados, de tal manera que se preguntaban entre sí, diciendo: ¿Qué es esto? ¿Qué nueva doctrina es ésta, que con autoridad manda aun a los espíritus inmundos, y le obedecen?"**

Satanás y sus demonios nunca deben ser el enfoque de nosotros la Iglesia del Señor Jesús. He visto a más de un ministerio ser severamente afectado por sobre enfatizar este tópico y hacer del reino de las tinieblas el enfoque primordial de su prédica y ministración. No hallo evidencia de que Jesús o Sus apóstoles asumieran tal actitud en la Biblia, pero también en este tiempo veo un gran descuido en el tema del mundo espiritual y la liberación. Es un tabú para muchos predicadores y no lo quieren tocar por miedo a "espantar" a la gente. Pienso que, si somos guiados por el Espíritu como Jesús lo fue, Él nos dirigirá a ser agresivos en esa área cuando sea necesario, así como los generales dirigen a sus ejércitos y les dan estrategias. Jesús siempre debe ser el enfoque de la Iglesia, sin que seamos negligentes como Pablo muy bien advierte:

**2 Corintios 2:11: "para que Satanás no tome ventaja sobre nosotros, pues no ignoramos sus planes."**

No solo echo Jesús fuera a muchos demonios, sino que también sano a innumerables enfermos. Sería muy largo este libro si fuéramos a desglosar todos los casos de liberación y sanidad. Pero si hay un caso que delinea cual era el motivo principal detrás de los milagros que Jesús hacia es esta:

**Marcos 1:40-41: "Y vino a Él un leproso, rogándole; y arrodillándose ante Él, le dijo: Si quieres, puedes**

**limpiarme. Y Jesús, teniendo compasión de él, extendió su mano y le tocó, y le dijo: Quiero, sé limpio."**

Usted puede ver en esta ocurrencia que lo que llevo a Jesús a sanar a este leproso fue la compasión que sintió por El. Jesús no hacía milagros para ser famoso, o para impresionar y hacer espectáculos, ni mucho menos para que los recipientes de los milagros le remunerasen con una "ofrenda de gratitud." Todo lo que hacía, lo hacía por amor y compasión. Ese debiera ser el factor principal que mueve a todo hombre y mujer que ministra, la compasión por la gente. El ver sus sufrimientos, sus dolores, y los efectos destructivos del pecado, debe llevarnos a ministrar no por recompensa monetaria, sino por ver a gente libre, sano, y sobre todo salvos y transformados.

Durante Su ministerio, Jesús también ejerció autoridad sobre la naturaleza. Desde cambiar el agua en vino, hasta calmar los vientos y la tempestad, hasta secar a la higuera con Su palabra. Todos estos ejemplos y muchos más demostraron que Jesús no solo tenía poder para ordenar a demonios a salir y a enfermedades a desaparecer, sino que aun la naturaleza misma le era sujeto. ¡Seguro que tenía que estarle sujeto, si Él fue el medio por el cual la naturaleza entro en existencia!

Pero aún más impresionante fueron los casos de resurrección. En mis años de servirle a mi Señor, he visto gente ser liberada y sanada a través de muchos ministerios, incluyendo el nuestro. He visto la naturaleza sujetarse a la oración de ministros ungidos, incluyendo a este servidor. Pero confieso que, aunque he visto a muchos pasar de muerte a vida mediante la conversión al evangelio, nunca he visto a alguien resucitar de entre los muertos físicamente. Lo más cercano que he experimentado es orar por alguien que le daban horas de vida y milagrosamente en la misma noche Dios interviene para hacer un milagro.

Pero nuestro Señor Jesús fue más allá de lo que yo acabo de testificar. Resucitó a tres personas conforme al testimonio de los evangelios, y en el momento de Su muerte muchos salieron de los sepulcros. Resucitó a una joven, hija de Jairo principal de la sinagoga, que acababa de morir. Resucitó a un joven, hijo de una viuda de la ciudad de Naín, y fue durante la procesión fúnebre rumbo al entierro que lo levanto de entre los muertos. Pero nada se compara con la resurrección de Lázaro, su amigo y huésped en Betania, quien ya llevaba cuatro días de muerto y ya estaba sepultado. Las palabras de Jesús a Marta lo resumen todo:

**Juan 11:25: "Jesús le dijo: Yo soy la resurrección y la vida; el que cree en mí, aunque esté muerto, vivirá."**

La Iglesia ha recibido el poder del Cristo resucitado para ministrar esperanza a la humanidad. El poder del Espíritu Santo está disponible para manifestarse en nuestras vidas tal como se manifestó en la vida de nuestro Señor. Creo con todo mi corazón, porque creo a la Biblia, y lo he experimentado, que, si verdaderamente nos rendimos por completo al propósito de Dios en Cristo, no faltara oportunidad para Dios manifestar Su poder y gloria, y exaltar a Su Hijo mediante alguna obra sobrenatural. Jesús lo prometió a Sus discípulos y para nosotros también es esa promesa:

**Juan 14:12: "De cierto, de cierto os digo: El que cree en mí, las obras que yo hago él también las hará; y mayores que éstas hará, porque yo voy a mi Padre."**

**Hechos 2:39: "Porque para vosotros es la promesa, y para vuestros hijos, y para todos los que están lejos; para cuantos el Señor nuestro Dios llamare."**

## Jesús el Maestro y el Predicador

**Mateo 7:29: "porque les enseñaba como quien tiene autoridad, y no como los escribas."**

Por más impactante que fuera el ministerio de Jesús en el contexto de señales y prodigios, no podemos dejar afuera la inmensa importancia que tenía la enseñanza en Su ministerio. Expreso con mucho lamento en mi corazón, que parte de la carencia espiritual que hoy hay en muchas congregaciones de avivamiento se debe al hecho de enfatizar lo que Jesús hizo, sin enfatizar lo que Él dijo.

> **Juan 6:63: "El Espíritu es el que da vida; la carne para nada aprovecha; las palabras que yo os hablo son espíritu y son vida."**

> **Juan 14:10: "¿No crees que yo soy en el Padre, y el Padre en mí? Las palabras que yo os hablo, no las hablo de mí mismo; sino que el Padre que mora en mí, Él hace las obras."**

Jesús fue sumamente directo y claro, las palabras que Él hablaba eran espíritu y vida, precisamente porque eran las palabras que Su Padre le había dado para hablar. Por eso cuando Él hablaba, no hablaba con titubeos. No hablaba citando las tradiciones de los ancianos, o las perspectivas de las casas de Hilel o Shammai, que eran las dos corrientes de pensamiento rabínico de Su época. Jesús con certeza y autoridad decía "...**De cierto, de cierto, os digo...**". Es por eso que la gente se admiraba de Su doctrina.

No solo hablaba con unción, seguridad, y autoridad, sino que también hablaba con sabiduría. La sabiduría va más allá del conocimiento, es la cualidad que permite el uso correcto y provechoso de lo que se conoce. Según **Proverbios 9:10: "El principio de la sabiduría es el temor de Jehová; y el conocimiento**

**del Santo es la inteligencia."** Jesús es la Sabiduría, y en Él estaba el temor de Jehová en su sentido absoluto y máximo.

> **Mateo 13:54: "Y venido a su tierra, les enseñaba en la sinagoga de ellos, de tal manera que ellos estaban atónitos, y decían: ¿De dónde tiene Éste esta sabiduría y estos milagros?**

Como evidencia de Su sabiduría, Jesús sabia como ministrarles a diversos tipos de audiencias. El conocía como utilizar parábolas para ilustrar las verdades del reino de Dios de manera sencilla y comprensible a la gente común y analfabeta. También sabia como entrar a profundidades con la elite religiosa de Su época. Pero, sobre todo, con Sus discípulos, se dedicó a instruirles, capacitarles, y entrenarles, y les podía educar en verdades que no compartía con las multitudes. Quiero reiterar que, para nosotros los creyentes, la enseñanza es más importante que la predica. En el contexto de hacer y formar discípulos, la herramienta más efectiva es la de la enseñanza:

> **Marcos 9:31: "Porque enseñaba a sus discípulos, y les decía: El Hijo del Hombre será entregado en manos de hombres, y le matarán; pero después de muerto, resucitará al tercer día."**

Como expresamos en el capítulo 2, la predica inspira, motiva, despierta, energiza, e impacta:

> **Marcos 1:39: "Y predicaba en las sinagogas de ellos por toda Galilea, y echaba fuera los demonios."**

La predica no puede ser solo un discurso público dirigido a impresionar o cosquillar los oídos de la audiencia. No puede ser un desarrollo de las opiniones del predicador y la denominación al cual pertenece. La oratoria es importante y efectivo, pero debe tener el ingrediente de la unción para que a los oyentes les pase lo que le paso a Elizabet, que sean impactados por alguien que habla con Jesús por dentro. El mensaje tiene que ser empoderado y dirigido por el Espíritu Santo. Los predicadores pueden prepararse en teología y aprender a preparar bosquejos, pero al pararse delante de la audiencia, tiene que ser Jesús hablando y no nosotros.

La práctica de Jesús, de unir lo sobrenatural a Sus enseñanzas y predicas, servía como una combinación poderosa, pues las señales confirmaban las palabras que Él hablaba. Los más sensibles creerán a la palabra, los más duros creen por las señales. La iglesia del Señor no sigue a las señales, las señales nos deben seguir a nosotros. Las señales son para los incrédulos, mientras la palabra produce fe en los que la oyen con apertura de corazón. Nunca pongamos las señales primero que la palabra de Dios, dejemos que Dios respalde Su palabra de la manera que El escoja, pero encarguémonos de transmitir Su palabra.

## Jesús y los rechazados

Es de notar como Jesús se relacionaba con la gente rechazada de Su época. Su interacción con ellos demuestra Su gran amor por la humanidad, independientemente de raza, color, o condición social. Veamos el siguiente escenario:

> **Mateo 9:10-13: "Y aconteció que estando Él sentado a la mesa en la casa, he aquí muchos publicanos y pecadores, que habían venido, se sentaron a la mesa con Jesús y sus discípulos. Y cuando vieron esto los fariseos, dijeron a sus discípulos: ¿Por qué come vuestro Maestro con los publicanos y pecadores? Y oyéndolo Jesús, les dijo: Los que están sanos no tienen necesidad de médico, sino los que están enfermos. Id, pues, y aprended lo que significa: Misericordia quiero, y no sacrificio. Porque no he venido a llamar a justos, sino a pecadores al arrepentimiento."**

Mas luego entraremos en la relación de Jesús con la elite religiosa, pero por ahora, observe Su disposición a comer con gente que los judíos aborrecían, los publicanos. Estos individuos eran empleados del imperio romano, autorizados para recolectar impuestos de parte del pueblo judío. Y si el publicano era judío era peor todavía, porque no solo era considerado opresor, sino también traidor. Uno de los apóstoles, Mateo, era publicano. El otro publicano famoso que muchos recuerdan es a Zaqueo. Y no solo compartió Jesús con publicanos, sino que el pasaje antes citado menciona pecadores, entre los cuales también deben haber estado algunas rameras, porque esto solía suceder en reuniones como estas. Jesús estuvo dispuesto a comer con ellos y compartir porque ellos precisamente eran los que más necesitados estaban de Su compañía, palabra, y misericordia.

La invitación de Jesús a venir a Él no era para un grupo en particular, era para todos. Su misión principal no era condenar, sino salvar:

**Mateo 11:28: "Venid a mí todos los que estáis trabajados y cargados, y yo os haré descansar."**

**Mateo 18:11: "Porque el Hijo del Hombre vino a salvar lo que se había perdido."**

**Juan 6:37: "Todo lo que el Padre me da, vendrá a mí; y al que a mí viene, yo no le echo fuera."**

¿Usted que me lee, cuál es su objetivo principal como creyente? La comodidad espiritual a veces es tal que lo más importante para muchos es estar seguros de que su asiento en la eternidad este reservado, sin importarle que otros se pierdan. Otros, si se preocupan por las almas, es por aquellos que son de su etnicidad, clase social, o agrado. ¿Es eso a lo que Jesús nos mandó? ¿A evangelizar solo a los de cuello blanco o que viven en los suburbios? No nos mandó a recordarnos también de los rechazados, ¿los marginados, los que nadie quiere? La iglesia tiene que alcanzar a toda la gente, independientemente de trasfondo cultural, educacional, religioso, sexual, etc. ¡Por todos Jesús murió, y a todos Él nos envió!

## Jesús y Su relación con las sectas

En el tiempo de Jesús había muchos subgrupos en Israel, desde el contexto religioso al contexto cultural hasta el contexto político. Pero deseo concentrarme unos instantes en los fariseos y saduceos que eran la elite religiosa de la época. Estos dos grupos se odiaban a muerte, y ambos alegaban representar a Dios e interpretar la Ley mosaica de manera precisa. En el contexto de posiciones, los fariseos representaban la "derecha" y los saduceos la "izquierda."

Los fariseos eran celosos de la Ley, pero también de las costumbres y tradiciones. Tenían una formula ritualista para todo, y su auto justicia estaba por las nubes. Eran muy ortodoxos, y en realidad Jesús no discrepaba de sus enseñanzas, sino que reprendió su legalismo rígido e inmisericorde. También Jesús vio la hipocresía de un formalismo externo que carecía de un corazón humilde, servicial, y amoroso hacia las personas. Cualquier semejanza con algún creyente, iglesia, o denominación que usted conoce no es coincidencia, porque lamentablemente ellos dejaron descendencia.

Los saduceos eran compuesto mayormente por sacerdotes. Ellos solo creían que los primeros cinco libros de la Biblia eran divinamente inspirados. No creían en ángeles, espíritus, o en la resurrección de los muertos, y su vida fuera del Templo no era en nada diferente a los gentiles que muchos judíos aborrecían tanto. Su ritualismo litúrgico carecía de pasión y fe, y en realidad Jesús los censuro por su ignorancia de las Escrituras y el poder de Dios.

¡Que interesante! Dos grupos, uno conservador y otro liberal, y ninguno de ellos pudo lograr que Jesús se subscribiera a su membresía. Cuando conveniente, si tenían un enemigo en común, en este caso Jesús, entonces se juntaban para tratar de humillarle:

**Mateo 16:1-4: "Y vinieron los fariseos y los saduceos para tentarle, y le pidieron que les mostrase señal del cielo. Mas Él respondiendo, les dijo: Cuando anochece, decís: Hará buen tiempo, porque el cielo tiene arreboles. Y por la mañana: Hoy habrá tempestad, porque el cielo tiene arreboles y está nublado. ¡Hipócritas! que sabéis discernir la faz del cielo; ¿Mas las señales de los tiempos no podéis? La generación perversa y adúltera demanda señal; más señal no le será dada, sino la señal del profeta Jonás. Y dejándolos, se fue."**

Y cuando un grupo se enteraba que el otro fue avergonzado por Jesús, venia el otro para ver si podía ganarle al otro:

**Mateo 22:34: "Y cuando los fariseos oyeron que había hecho callar a los saduceos, se juntaron a una."**

Jesús no se hizo parte de ninguno de los dos grupos, porque ninguno de los dos lo representaban, ni a Él ni a Su Padre. Tomo un momento para decirte que no hallaras a Jesús ni en la izquierda ni en la derecha. Jesús no es Republicano ni Demócrata, ni tampoco se circunscribe a una denominación. Él es el Hijo de Dios, y no somos nosotros los que podemos darle órdenes a Él, es El quien nos gobierna a nosotros. Observe el escenario del Calvario:

**Juan 19:18: "donde le crucificaron, y con Él a otros dos, uno a cada lado, y Jesús en medio."**

¿Dónde hallaras a Jesús? ¡En el centro! El centro no es una posición de neutralidad, es una posición desde donde Él nos dice: "**Tu no**

Jesús: El Diseño para la Iglesia

me puedes controlar, ni manipular, ni dar órdenes, ni usarme para tus caprichos." Desde el centro Él nos invita a cambiar nuestra mirada de los extremos a enfocarnos en El. Hay demasiado de mucha división en el día de hoy en nuestra nación. Esa división es cultural, política, y aun eclesiástica, lamentablemente por creyentes que permiten que ideales culturales, políticos, y aun eclesiásticos los muevan a la izquierda o la derecha, cuando Él nos quiere en el centro. Es en el centro donde podemos unificar y reconciliar a la gente con Dios, y también los unos con los otros.

Si como Iglesia no despertamos de una mentalidad sectaria, divisora, y política, nos sucederá lo que Jesús les advirtió a los líderes religiosos de su época:

> **Mateo 21:31-32: "¿Cuál de los dos hizo la voluntad de su padre? Ellos le dijeron: El primero. Jesús les dijo: De cierto os digo, que los publicanos y las rameras van delante de vosotros al reino de Dios. Porque vino a vosotros Juan en camino de justicia, y no le creísteis; pero los publicanos y las rameras le creyeron; y vosotros, viendo esto, no os arrepentisteis después para creerle."**

Podemos terminar estando afuera mirando hacia adentro, cuando pensábamos que ya teníamos un pie en la puerta. Jesús, en privado, le enseño a Sus discípulos a no ser como ellos, y nosotros como Iglesia debemos aprender la misma lección:

> **Mateo 16:12: "Entonces entendieron que no les había dicho que se guardasen de la levadura de pan, sino de la doctrina de los fariseos y de los saduceos."**

Recordemos, a la derecha y a la izquierda de Jesús en la cruz había dos ladrones. Uno de ellos quería beneficios sin compromiso, el de la izquierda. Ese deseaba que Jesús se salvara a sí mismo y a ellos, pero no demostró ningún arrepentimiento. El otro a la derecha, reprendió a su compañero ladrón, estando el en la misma condición y habiendo cometido el mismo delito. Lo único que los distinguió fue que el de la derecha tuvo suficiente entendimiento para comprender su condición y humillarse. Eso es lo que Jesús quiere de nosotros que nos humillemos. No olvide, el ladrón de la derecha, al humillarse, seria movido hacia el centro:

**Lucas 23:43: "Entonces Jesús le dijo: De cierto te digo: Hoy estarás CONMIGO en el paraíso."**

El ladrón de la derecha quiere robarte la gracia, y el de la izquierda quiere robarte la santidad. ¡Donde único podrás recibir ambas cosas, es en el centro con Jesús! ¡Allí Él te salvara por Su gracia, y allí te transformara con Su santidad!

# Capítulo 6:
# SU MUERTE

### Jesús nació para morir

TODOS NOSOTROS SABEMOS QUE eventualmente la muerte llegará a nuestras vidas en algún momento de nuestra existencia. Tenemos una fecha de inicio, y tenemos una fecha de expiración. Nacemos, y después morimos. ¡Pero en el caso de nuestro Señor, El nació para morir! ¡Que cruda pero importante realidad! El propósito de la encarnación fue precisamente para que el Verbo que fue hecho carne derramara Su vida hasta la muerte. Jesús estaba consciente de ese propósito, y cuando lo revelo a Sus discípulos se les hizo difícil a ellos entender ese propósito:

> **Mateo 16:21-23: "Desde aquel tiempo comenzó Jesús a declarar a sus discípulos que le era necesario ir a Jerusalén y padecer mucho de los ancianos, y de los príncipes de los sacerdotes y de los escribas; y ser muerto, y resucitar al tercer día. Y Pedro, tomándole aparte, comenzó a reprenderle, diciendo: Señor, ten compasión de ti; en ninguna manera esto te acontezca. Entonces Él, volviéndose, dijo a Pedro: Quítate de delante de mí**

Satanás; me eres tropiezo; porque no piensas en las cosas de Dios, sino en las de los hombres."

Cuan interesante es que el mismo Pedro que algunos versos anteriores a estos había proclamado por revelación divina que Jesús era el Cristo, ahora se deja usar por Satanás para sugerirle a Jesús que no se sometiera al propósito del Padre. Aprendamos de esta ocurrencia, porque habrá momentos en que personas bien intencionadas, pero mal dirigidos, trataran de "amarnos" hasta el punto de sugerir un desvío al plan de Dios para nuestras vidas. La sutileza de Satanás queda expuesta al usar uno del círculo íntimo de Jesús. Aun seres queridos, amigos, y hermanos en la fe que están descuidados espiritualmente pueden ser utensilios de las tinieblas para querer apartarnos de la voluntad de Dios. ¡Tengamos cuidado!

## A Satanás no le convenia la crucifixión de Jesús

Pero este no fue la única ocasión en que Satanás utilizó gente para tratar de lograr que Jesús no muriera mediante crucifixión. Miremos lo que sucede en el escenario del Calvario:

**Marcos 15:29-32: "Y los que pasaban le injuriaban, meneando sus cabezas y diciendo: ¡Ah! Tú que derribas el templo de Dios y en tres días lo reedificas, sálvate a ti mismo, y desciende de la cruz. De esta manera también los príncipes de los sacerdotes escarneciendo, decían unos a otros, con los escribas: A otros salvó, a sí mismo no se puede salvar. El Cristo, el Rey de Israel, descienda ahora de la cruz, para que veamos y creamos. También los que estaban crucificados con Él le injuriaban."**

Aun los que estaban presenciando la muerte de Jesús lo tentaron a bajarse de la cruz para probar que era quien Él había afirmado que era. El mismo ladrón de la izquierda le dijo también que se bajara y los salvara ellos también. Todas estas personas, en mi opinión, fueron usados por Satanás para tratar de convencer a Jesús a que no cumpliera con Su propósito.

Ha habido muchísimos mensajes que he oído a través de los años que alegan que Satanás y los demonios hicieron "fiesta" cuando Jesús murió. Entiendo que son perspectivas que excitan a la audiencia, pues tan pronto se menciona que Jesús les "aguo" la fiesta con Su resurrección, es causa para que la audiencia adore a Dios y hasta se ponga de pie. No estoy condenando a los que predican tal perspectiva, pero personalmente no hallo que sea bíblica. Hemos citado ya algunos ejemplos de los intentos de las tinieblas a prevenir la crucifixión de Jesús. Incluso, el rey Herodes fue usado por las tinieblas para tratar de exterminar a Jesús antes de tiempo cuando mato a todos los niños varones de dos años para abajo. No solo eso, sino que hubo hasta turbas de judíos que trataron de matar a Jesús antes de tiempo:

> **Lucas 4:28-30: "Y cuando oyeron estas cosas, todos en la sinagoga se llenaron de ira; y levantándose, le echaron fuera de la ciudad, y le llevaron hasta la cumbre del monte sobre el cual la ciudad de ellos estaba edificada, para despeñarle. Pero Él, pasando por en medio de ellos, se fue."**

¿Porque hubo tanto esmero de parte del reino de las tinieblas para querer impedir la muerte de Jesús mediante crucifixión? ¡Porque sabían que la crucifixión de Jesús era el golpe mortal para ellos!

> **Colosenses 2:13-15: "Y a vosotros, estando muertos en pecados y en la incircuncisión de vuestra carne, os dio vida juntamente con Él; perdonándoos todos los pecados cancelando el manuscrito de las ordenanzas que había contra nosotros, que nos era contrario, quitándolo de en medio y clavándolo en la cruz; y despojando a los**

principados y a las potestades, los exhibió públicamente, triunfando sobre ellos en sí mismo."

Ellos sabían que su derrota consistía en Jesús muriendo sin haber pecado, derramando la sangre inocente que contenía el nuevo pacto. Y ese nuevo pacto, según **Jeremías 31:31**, consistiría en la ley divina ser escrito en el corazón de los hombres, formándose un grupo de personas que obedecerían no por obligación, sino de voluntad. También sabían que la muerte no podría retener a Jesús tampoco, pero de ese tópico hablaremos en el próximo capitulo.

## La necesidad de una muerte horrenda mediante la Cruz

El derramamiento de sangre del Cordero era vital para la redención:

**Hebreos 9:22: "Y casi todo es purificado según la ley con sangre; y sin derramamiento de sangre no hay remisión."**

Jesús no pudo haber muerto de otra manera. No pudo haber muerto por ataque de corazón o derrame cerebral. No pudo haber muerto por algún accidente imprevisto o aun por un homicidio por apedreamiento o espada. Tenía que morir sobre un madero. El diablo conoce las Escrituras. Las conoce mejor que muchos creyentes. ¿Usted no cree que él estaba consciente de que Jesús había de ser hecho maldición por nosotros, y que eso resultaría en la redención de la humanidad?

**Deuteronomio 21:22-23: "Y si alguno hubiere cometido algún pecado digno de muerte, y lo hicieres morir, y lo colgareis de un madero, su cuerpo no ha de permanecer toda la noche en el madero, sino que sin falta lo enterrarás el mismo día, porque maldito por Dios es el colgado; y no contaminarás tu tierra que Jehová tu Dios te da por heredad."**

**Gálatas 3:13: "Cristo nos redimió de la maldición de la ley, hecho por nosotros maldición (porque escrito está: Maldito todo aquel que es colgado en un madero)."**

La cruz, que fue un lugar de maldición e infamia para los judíos, se convierte en un lugar de gloria para la Iglesia del Señor:

**1 Corintios 1:23: "pero nosotros predicamos a Cristo crucificado, para los judíos ciertamente tropezadero, y para los griegos locura."**

**Gálatas 6:14: "Mas lejos esté de mí gloriarme, salvo en la cruz de nuestro Señor Jesucristo, por el cual el mundo me es crucificado a mí, y yo al mundo."**

## La Auto Abnegación

La cruz del cual Pablo está haciendo mención en cuanto a si mismo no es uno literal, es simbólico. Ya nadie tiene que ser crucificado literalmente. El sacrificio de Jesús fue una vez y por todas. Es lamentable ver gente en otros países literalmente crucificarse durante la pascua para recordar la muerte de Jesús. ¡Esto es innecesario, ya Él lo hizo todo! Pero para Pablo la cruz del cual el habla es la cruz de la auto abnegación, de la muerte al yo:

**Gálatas 2:20: "Con Cristo estoy juntamente crucificado; más vivo, ya no yo, sino que Cristo vive en mí; y la vida que ahora vivo en la carne, la vivo en la fe del Hijo de Dios, el cual me amó y se entregó a sí mismo por mí.**

¡La auto abnegación no es una opción para el creyente en Cristo, es un requisito! ¡Y el requisito no viene de la iglesia o de una denominación, viene de Jesús mismo!

**Lucas 9:23: "Y decía a todos: Si alguno quiere venir en pos de mí, niéguese a sí mismo, y tome su cruz cada día, y sígame."**

**Lucas 14:27 "Y cualquiera que no trae su cruz y viene en pos de mí, no puede ser mi discípulo."**

¿Como es posible que podamos identificarnos con Cristo y ser Sus representantes si vivimos como el mundo vive, pensamos como el mundo piensa, y actuamos como el mundo actúa? Hay tan poca diferencia entre muchos "cristianos" y la gente que no sirve a Dios hoy en día que es alarmante. Ni su lenguaje, ni su filosofía, ni su conducta, ni siquiera su vestimenta es en nada diferente a los que no sirven a Dios.

Antes de que usted me tilde de legalista o religioso, le recuerdo que la demanda a morir a sí mismo no viene de mí, sino de Jesús. Es muy cierto que hay reglas impuestas por pastores y líderes que diferencian a la gente en lo visible, pero no los transforma en lo invisible. No estoy negando eso, sin embargo, sigo creyendo que la luz de Cristo nos iluminara y apartara de las tinieblas. No se trata de creernos mejor que el mundo, a ellos somos enviados para compartir el amor de Jesús. Se trata de una distinción de vida que es marcado en la vida de aquellos que son transformados por el poder de Cristo. Además, y no es mi opinión, quienes pretenden amar al mundo, (estoy hablando del sistema anti-Dios), no pueden a la misma vez amar a Dios:

**Santiago 4:4: "Adúlteros y adúlteras, ¿no sabéis que la amistad del mundo es enemistad contra Dios? Cualquiera, pues, que quisiere ser amigo del mundo, se constituye enemigo de Dios."**

**1 Juan 2:15-17: "No améis al mundo ni las cosas que están en el mundo. Si alguno ama al mundo, el amor del Padre no está en él. Porque todo lo que hay en el mundo, la pasión de la carne, la pasión de los ojos y la arrogancia de la vida no proviene del Padre, sino del mundo. Y el mundo pasa, y también sus pasiones, pero el que hace la voluntad de Dios permanece para siempre."**

No estoy tratando de bombardearte con reglas y dogmas de hombres, solamente quiero apelar por amor de Dios a que consideres que la auto abnegación es un principio del reino de Dios. Es un estandarte para sus súbditos, y algo que el Rey de Reyes nuestro Señor demanda. ¡La auto abnegación traerá dolor y sufrimiento en momentos dados porque el mundo nos aborrecerá y perseguirá, pero el sufrir con Jesús es un privilegio! Observe como Pablo anhelaba explorar y participar en la experiencia de la crucifixión de Jesús:

**Filipenses 3:8-10: "Y ciertamente, aun estimo todas las cosas como pérdida por la excelencia del conocimiento de Cristo Jesús, mi Señor, por el cual lo he perdido todo, y lo tengo por estiércol, para ganar a Cristo, y ser hallado en Él, no teniendo mi propia justicia, que es de la ley, sino la que es por la fe de Cristo, la justicia que es de Dios por la fe; a fin de conocerle, y el poder de su resurrección, y la participación de sus padecimientos, en conformidad a su muerte."**

Reitero que la auto abnegación no es una opción, es una demanda. La generación actual no es muy amena a las demandas. El instinto de la independencia y el reclamo de los derechos es el orden del día. Pero, creyente que me lees, te recuerdo que la auto abnegación es la renuncia a los derechos. Al ser absorbido por Cristo, es Su vida la que vivimos no la nuestra. ¡Los muertos no tienen derechos!

**1 Pedro 1:18-20: "sabiendo que fuisteis redimidos de vuestra vana manera de vivir, la cual recibisteis por tradición de vuestros padres, no con cosas corruptibles, como oro o plata; sino con la sangre preciosa de Cristo, como de un cordero sin mancha y sin contaminación; ya preordenado desde antes de la fundación del mundo, pero manifestado en los postreros tiempos por amor a vosotros."**

## La Crucifixión: Un Plan Eterno

En este último pasaje que citamos en 1 Pedro vemos en la última cláusula que este asunto de la muerte de Jesús fue algo ya planificado y predestinado por Dios. No fue un plan B como resultado de la caída, como se explicó en el capítulo 3. Ya fue preordenado por el Padre anterior a la creación, y el Apóstol Juan confirma eso en:

**Apocalipsis 13:8: "Y le adorarán todos los moradores de la tierra cuyos nombres no están escritos en el libro de la vida del Cordero, el cual fue inmolado desde la fundación del mundo."**

Si el plan de Dios desde la Eternidad incluía la muerte de Su Hijo, entonces eso significa que Jesús, en tiempo y espacio, estaría llevando a cabo ese propósito como un acto de sometimiento y obediencia. Tal y como el caso del Profeta Jeremías, Jesús no solo fue conocido por el Padre anterior a Su concepción, sino que recibió Su asignación previa a Su concepción. El plan estaba codificado en Su naturaleza divina, pero el área humana seria profundamente probada, y es por eso que Jesús habla acerca de la obediencia a Su Padre, porque la obediencia requiere sometimiento a una orden dada:

Juan 10:17-18: "Por eso me ama el Padre, porque yo pongo mi vida, para volverla a tomar. Nadie me la quita, sino que yo la pongo de mí mismo. Tengo poder para ponerla, y tengo poder para volverla a tomar. Este mandamiento recibí de mi Padre."

## La Crucifixión: Un acto de obediencia

Ah, entonces, ¡la muerte de Jesús fue un acto de obediencia a un mandamiento! ¡La obediencia de seguro que no fue un proceso del todo fácil para nuestro Señor, porque fue algo que Él tuvo que aprender:

Hebreos 5:7-9: "El cual, en los días de su carne, habiendo ofrecido ruegos y súplicas con gran clamor y lágrimas al que le podía librar de la muerte, fue oído por su temor reverente. Y aunque era Hijo, por lo que padeció aprendió la obediencia; y habiendo sido hecho perfecto, vino a ser autor de eterna salvación a todos los que le obedecen;"

Si creemos que el Dios que esperó obediencia de Jesús, no la esperará de nosotros, estamos severamente equivocados. Lo que pasa es que muchos ven a Dios como un tirano que demanda obediencia de manera dictatorial, cuando en si Dios es un buen Padre que nos da instrucciones y mandamientos para que podamos tener una mejor vida, y para que todo nos salga bien:

Josué 1:8: "Este libro de la ley nunca se apartará de tu boca, sino que de día y de noche meditarás en él, para que guardes y hagas conforme a todo lo que en él está escrito; porque entonces harás prosperar tu camino, y todo te saldrá bien."

Jesús fue obediente en todos Sus caminos aquí en la tierra. Se sometió a Sus padres terrenales, a las autoridades civiles, y aun a las autoridades religiosas en el momento de Su juicio. Pero la mayor lucha que tuvo fue en el Getsemaní, que es lo que fue descrito en el pasaje de Hebreos citado arriba. Fue allí donde la humanidad de Jesús se manifestó de manera más clara y obvia. El deseó, por un momento, que la copa que el Padre le había dado fuera trasladada a otro. Pero, inmediatamente reconociendo que fue enviado no a hacer Su voluntad, sino la del Padre, se sometió al plan de obediencia.

No podemos perder de vista, que el Padre también le mostro a Cristo la gran recompensa que recibiría como resultado de Su obediencia y sufrimiento mediante crucifixión. Esto fue predicho por profecía en Isaías y aclarado mediante el escrito a los Hebreos:

Isaías 53:10-12: "Con todo eso, Jehová quiso quebrantarlo, sujetándole a padecimiento. Cuando hubiere puesto su alma en expiación por el pecado, verá su linaje, prolongará sus días, y la voluntad de Jehová será en su mano prosperada. Del trabajo de su alma verá y será saciado. Por su conocimiento justificará mi siervo justo a muchos, y Él llevará las iniquidades de ellos. Por tanto, yo le daré parte con los grandes, y con los fuertes repartirá despojos; por cuanto derramó su alma hasta la muerte, y fue contado con los transgresores; y Él llevó el pecado de muchos e hizo intercesión por los transgresores."

Hebreos 12:2: "puestos los ojos en Jesús, el autor y consumador de la fe, el cual, por el gozo puesto delante de Él sufrió la cruz, menospreciando la vergüenza, y se sentó a la diestra del trono de Dios."

## La Necesidad del Sufrimiento

Cuando observamos las promesas dadas a nosotros la Iglesia de Jesús concerniente a la eternidad con El, estaremos dispuestos a pasar por lo que fuera. La vida cristiana según **Romanos 14:17** es una de "**...justicia, paz, y gozo en el Espíritu Santo.**" Es una vida de plenitud espiritual, pero no ausente de sufrimientos. Jesús nunca prometió eso. La vida humana de por si no es fácil, más aún cuando tenemos a Jesús y el mundo nos aborrece. Pero tenemos gloriosas promesas para aquí y para el más allá. Debemos agarrarnos de esas promesas porque son anclas en momentos de tempestad.

> **Juan 16:33: "Estas cosas os he hablado para que en mí tengáis paz. En el mundo tendréis aflicción; pero confiad, yo he vencido al mundo."**

> **2 Timoteo 2:11-13: "Palabra fiel es ésta: Que, si somos muertos con Él, también viviremos con Él: Si sufrimos, también reinaremos con Él; si lo negáremos, Él también nos negará: Si fuéremos infieles, Él permanece fiel; Él no puede negarse a sí mismo."**

No solo es el sufrimiento parte del proceso que tendremos que llevar como creyentes, sino también es lo que nos identifica con Jesús, y nos permite entender por lo menos una parte de lo que Él tuvo que padecer por nosotros. Querer ser identificado con Jesús en Su exaltación a la diestra del Padre, o los milagros y el apogeo ministerial que tuvo, sin pasar por la etapa de sufrimiento y humillación, es una ridiculez de gran escala. El Padre predestinó que fuésemos hechos conforme a la imagen de Su Hijo, y esa imagen incluye el ejemplo del padecimiento:

> **1 Pedro 2:21: "Porque para esto fuisteis llamados; pues que también Cristo padeció por nosotros, dejándonos ejemplo, para que vosotros sigáis sus pisadas."**

No te turbes, amado lector, con lo que estas leyendo. Concéntrate, como Jesús, en el gozo que es puesto delante de ti, ¡y recuerda que el dolor momentáneo no se compara con la gloria eterna!:

> **2 Corintios 4:17: "Porque nuestra leve aflicción, la cual es momentánea, produce en nosotros un inmensurable y eterno peso de gloria."**

## La Crucifixión: Un Acto Voluntario de entrega

No solo derramó Jesús Su vida hasta la muerte porque era plan eterno y como acto de obediencia, sino que se entregó completamente a la voluntad del Padre:

> **Juan 5:30: "No puedo yo hacer nada de mí mismo; como oigo, juzgo; y mi juicio es justo; porque no busco mi voluntad, sino la voluntad del Padre que me envió."**

¿Estaremos nosotros entregados a la voluntad del Padre a este nivel? Los mensajes populares de nuestra época son "Tu mejor tiempo ahora," "Tu tiempo está por llegar," "Lo que Dios tiene para ti es grande," "Lo que Dios está a punto de hacer por ti," etc. El propósito de este libro no es excitarte diciéndote lo que Dios está a punto de hacer para ti, sino hablarte de lo que El ya hizo a través de Su Hijo Jesús, y como Él quiere que Su Hijo sea el modelo de vida para ti, si dices ser Su seguidor.

Por supuesto no estoy proponiendo que un Padre como Dios será tan cruel que te tendrá todo el tiempo discipulando, evangelizando, o haciendo obras sociales a tal modo que no tengas espacio para lo cotidiano, personal, y familiar. Soy testigo de lo que el Salmista pudo exclamar:

> **Salmos 37:4: "Deléitate asimismo en Jehová, y Él te concederá las peticiones de tu corazón."**

Pero hay que analizar la primera cláusula de ese verso, "**Deléitate asimismo en Jehová.**" Esto implica que la voluntad de Dios no es una carga opresiva, que no es una obligación torturante, sino que es una experiencia de disfrute y gozo. El mismo Jesús se deleitó en cumplir el propósito del Padre, porque era Su propósito. Cuando consideramos que lo de Dios es también lo nuestro, nos comportaremos con lo de El cómo Él se comporta con lo Suyo. Los Salmos profetizan la actitud de Cristo y Hebreos lo confirma:

> **Salmos 40:7-8: "Entonces dije: He aquí, vengo; en el rollo del libro está escrito de mí: El hacer tu voluntad, Dios mío, me ha agradado; y tu ley está en medio de mi corazón."**

> **Hebreos 10:7: "Entonces dije: He aquí que vengo (en la cabecera del libro está escrito de mí) para hacer, oh, Dios, tu voluntad."**

Será la voluntad de Dios nuestro deleite? Será nuestra prioridad? Será Su voluntad nuestra máxima causa de satisfacción? ¿Estamos viviendo para El, o estamos viviendo para que Él nos satisfaga a nosotros? Estas preguntas demandan una respuesta, pero yo no lo pueda dar por ti. En medio de quizás la época más egocéntrica y narcisista que ha existido, el dedicarnos a una causa mayor que la nuestra es una rareza, pero es necesario para que podamos pasar la antorcha a otra generación que entienda que lo que Jesús dijo, porque lo ven primero en nosotros:

> **Juan 15:13: "Nadie tiene mayor amor que éste, que uno ponga su vida por sus amigos."**

## La Crucifixión: Un Acto de Siembra y Cosecha

La muerte de Jesús fue un acto de siembra:

**Juan 12:24: "De cierto, de cierto os digo que, si el grano de trigo no cae en la tierra y muere, queda solo; pero si muere, lleva mucho fruto."**

Como hablamos anteriormente en el capítulo 3, se cosechará lo que se sembró. Porque la naturaleza de la semilla determina la naturaleza de la cosecha. Para Dios poder cosechar a la Iglesia, que sería el reflejo de Su Hijo, Él tendría que sembrar a Su Hijo. Me parece que a veces nosotros como Iglesia queremos ganar almas para el Señor de las maneras más fáciles y convenientes. Usamos estrategias de mercadeo, estrategias de promoción, tácticas subliminales, etc. No diré que estas estrategias no son efectivas, pero ganar almas a la manera de Jesús involucra la siembra de uno mismo, la entrega total de nuestra vida para poder cosechar otras vidas. Jesús mismo entendió la manera en que había de ganar a las vidas:

**Juan 12:32: "Y yo, si fuere levantado de la tierra, a todos atraeré a mí mismo."**

Para discipular y evangelizar, hay que sembrar tiempo, esfuerzo, dedicación, y entrega total. Habrá momentos de frustración, de desanimo, y sufrimiento. Pero cuando vemos la cosecha, cuando vemos vidas venir a Jesús y ser desarrolladas, concluimos que vale la pena. Jesús vio las innumerables multitudes que serían reconciliados con Su Padre como resultado de la siembra de Su vida, y concluyó que valdría la pena.

## La Crucifixión: Un Acto de Alumbramiento

Las siguientes palabras quizás te suene como algo inconcebible. No obstante, es algo que creo firmemente y algo que otros han observado. ¡En la muerte de Jesús hubo un alumbramiento! ¿Como usted concluye eso, hermano Joel? Siga la secuencia de los próximos versículos y veras lo que te hablo:

**Genesis 2:21-22: "Y Jehová Dios hizo caer sueño profundo sobre Adán, y se quedó dormido; entonces tomó una de sus costillas, y cerró la carne en su lugar; Y de la costilla que Jehová Dios tomó del hombre, hizo una mujer, y la trajo al hombre."**

El proceso de la creación de la mujer quizás usted ya sabía. Dios hizo la primera cirugía humana en el huerto del Edén con Adán. De ahí extrajo Dios una de sus costillas e hizo, (la raíz hebrea de esta palabra también significa construir), una mujer. Dios la trajo a Adán, y el primer nombre que Adán le da no fue Eva, su primera identificación fue Varona, porque del varón fue tomada. En **Genesis 5:2**, encontramos que Dios llamo a la primera pareja por un solo nombre, Adán. Entendemos de ahí el concepto que se estableció desde el principio:

**Genesis 2:24: "Por tanto, dejará el hombre a su padre y a su madre, y se unirá a su esposa, y serán una sola carne."**

Lo interesante del caso es que el Apóstol Pablo cataloga a Jesús como el postrer Adán:

**1 Corintios 15:45: "Y así está escrito: El primer hombre Adán fue hecho un alma viviente; el postrer Adán, un espíritu vivificante."**

¿Si Dios extrajo del costado del primer Adán la materia necesaria para formar a la mujer, podría hacerlo con el postrer Adán?

**Juan 19:34: "Pero uno de los soldados le abrió el costado con una lanza, y al instante salió sangre y agua."**

El soldado que le introduce la lanza por el costado a Jesús no entendía la magnitud de lo que estaba haciendo. Él pensaba que era un acto ordinario, una medida de seguridad para confirmar la muerte del convicto. ¡Pero lo que él no sabía es que estaba provocando al Señor que rompiera fuente! Así como la mujer rompe fuente previa a su alumbramiento, el Señor también rompió fuente. La lanza del soldado penetró lo que los médicos llaman el saco peri cardial, que protege el corazón, y que contiene líquido.

No solo salió ese líquido peri cardial, también salió sangre. Cualquier medico sabe que cuando una mujer da a luz, no solo sale sangre, sino que también sale agua. Es por estas razones que, a mi juicio y el de otros, creo que Jesús dio a luz a la Iglesia en el Calvario. Lo interesante también es que la palabra *ekklesia*, que es la palabra griega de donde viene nuestra palabra Iglesia, tiene tenso femenino en el griego. ¡La Iglesia es considera la novia del Cordero!

Recuerde también, la mención que hicimos del hecho que la palabra *"hizo"* en **Genesis 2:22** también significa *"construyo"* en el hebreo. Otra palabra para construir es edificar. Note lo que Jesús dijo en:

> **Mateo 16:18: "Mas yo también te digo, que tú eres Pedro, y sobre esta piedra EDIFICARE mi iglesia; y las puertas del infierno no prevalecerán contra ella."**

Bueno, ahí lo tienes. Creo que hay suficiente evidencia para comprobar que hubo un alumbramiento en el Calvario. Sin embargo, si necesitases algo adicional, ¡recuerda que nuestro nuevo nacimiento depende de lo que sucedió en el Calvario!

Quiero recordarte también, que la primera mujer recibe su nombre personal de Eva después de la caída. Anteriormente, era conocido como Adán junto a su esposo. El pecado nos separa y nos da identidad individual, pero impide la unidad que Dios diseño desde el principio. Como novia del Cordero que somos, debemos recordar que nuestra identidad está en El. El pecado nos quiere hacer independiente de Jesús, pero recuerde lo que Él dijo y lo que Pablo añadió:

> **Juan 15:5:** "Yo soy la vid, vosotros los pámpanos; el que permanece en mí, y yo en él, éste lleva mucho fruto; porque sin mí nada podéis hacer."

> **1 Corintios 6:17:** "Pero el que se une al Señor, un espíritu es."

## La Iglesia y su participación en la muerte de Jesús

El tema de la muerte del creyente al yo, o la auto abnegación, es uno que ya hemos tocado. Pero hay un elemento que quisiera que consideremos antes de cerrar este capítulo. El elemento consiste en el hecho de que cuando nos negamos a nosotros mismos por el Señor, no es simplemente una disciplina personal que se ejerce o un cumplimiento con un requisito únicamente, es una participación en la muerte de Jesús.

¿Espérese, no acabo usted de escribir hace unos párrafos atrás que nosotros la Iglesia nacimos en el Calvario durante la muerte de Jesús? Si, y también somos llamados a participar de esa muerte iniciando con el acto simbólico del bautismo en agua, como hablamos anteriormente, y después proceder a una vida de total entrega al Señor y muerte a uno mismo:

> **Romanos 6:3-6:** "¿O no sabéis que todos los que hemos sido bautizados en Cristo Jesús, hemos sido bautizados en su muerte? Porque somos sepultados con Él en la muerte por el bautismo; para que como Cristo resucitó de los muertos por la gloria del Padre, así también nosotros andemos en novedad de vida. Porque si fuimos plantados juntamente con Él en la semejanza de su muerte, también lo seremos en la semejanza de su resurrección; sabiendo

**esto, que nuestro viejo hombre fue crucificado con Él, para que el cuerpo de pecado fuera destruido, a fin de que no sirvamos más al pecado."**

La muerte de Jesús trajo muerte al poder del pecado sobre los que creen en El. No estamos diciendo que nuestras debilidades desaparecen cuando nos convertimos, o que dejamos de pecar en el contexto de no resbalar por negligencia o cometer errores. Eso sucede, quieran los creyentes aceptarlo o no. El cuerpo seguirá teniendo sus inclinaciones y la ley del pecado seguirá estando en los miembros del cuerpo como explica Pablo en Romanos 7. Sin embargo, el nuevo código de la ley del Espíritu de Vida en Jesús nos da poder sobre el poder del pecado, de modo que podamos ejercer dominio sobre nosotros mismos y vencer las tentaciones.

No hay que seguir siendo esclavos del pecado. Incluso, como fue explicado en el capítulo 3, una persona que nace de Dios no puede seguir practicando el pecado de manera continua, porque la simiente de Dios está en el, **1 Juan 3:9**. Reiteramos que esto implica que una persona nacida de nuevo no tiene el pecado como habito continuo. El morir a nosotros mismos es esencial para una vida plena en Cristo. ¡Su plenitud no puede llenarnos si todavía estamos llenos de nosotros mismos!

Pascua tras pascua, alrededor de dos mil millones de cristianos profesantes celebran la muerte de Jesús. Algunos hasta lloran teniéndole santa pena al Señor cuando ven las películas en la televisión, o cuando ven los crucifijos o cuadros pintados. ¿Pero la pregunta es, estamos crucificados con El? No debemos ser espectadores frente a la cruz del centro, debemos subirnos a esa cruz espiritualmente y morir con el que murió sobre él, para participar de ese proceso y entender por el Espíritu el precio que nuestro Señor tuvo que pagar. Observe como Pablo habla con tanto énfasis sobre esta realidad en su carta a los Gálatas:

**Gálatas 2:20:** "Con Cristo estoy juntamente crucificado; más vivo, ya no yo, sino que Cristo vive en mí; y la vida que ahora vivo en la carne, la vivo en la fe del Hijo de Dios, el cual me amó y se entregó a sí mismo por mí."

**Gálatas 5:24:** "Pero los que son de Cristo han crucificado la carne con sus pasiones y concupiscencias."

**Gálatas 6:14:** "Mas lejos esté de mí gloriarme, salvo en la cruz de nuestro Señor Jesucristo, por el cual el mundo me es crucificado a mí, y yo al mundo."

Nuestra participación en la muerte de Jesús auto negándonos hace que nos identifiquemos con El. ¡De la misma manera que Él se entregó por nosotros, es menester que nosotros nos entreguemos por El!

## Actividad de Jesús Post-Muerte y Pre-Resurrección

Antes de proceder a hablar de la resurrección de Jesús en el próximo capitulo, tenemos que señalar que entre la muerte de Jesús y Su resurrección hubo actividad de parte de Jesús. Jesús comparo Su muerte con la experiencia de Jonás en el vientre del pez:

**Mateo 12:40:** "Porque como estuvo Jonás en el vientre de la ballena tres días y tres noches; así estará el Hijo del Hombre tres días y tres noches en el corazón de la tierra."

Por lo tanto, Jesús estaría en el corazón de la tierra durante el tiempo entre medio de Su muerte y resurrección. ¿Que estaría haciendo allí? Los Apóstoles Pablo y Pedro nos arrojan luz en cuanto a la actividad de Jesús en ese periodo de tiempo:

**Efesios 4:8-10:** "Por lo cual dice: Subiendo a lo alto, llevó cautiva la cautividad, y dio dones a los hombres. (Ahora, que Él subió, ¿qué es, sino que también había descendido primero a las partes más bajas de la tierra? El que descendió, es el mismo que también subió sobre todos los cielos para llenar todas las cosas.)"

1 Pedro 3:18-20: "Porque también Cristo padeció una sola vez por los pecados, el justo por los injustos, para llevarnos a Dios, siendo a la verdad muerto en la carne, pero vivificado por el Espíritu; en el cual también fue y predicó a los espíritus encarcelados; los cuales en tiempo pasado fueron desobedientes, cuando una vez esperaba la paciencia de Dios en los días de Noé, mientras se aparejaba el arca; en la cual pocas, es decir, ocho almas fueron salvadas por agua."

Por lo que leemos en estos versos, podemos ver que Jesús proclamó Su triunfo sobre el pecado en la cruz a los que estaban en el corazón de la tierra. Recuerde que según **Lucas 16**, en la historia del rico y Lázaro, había dos lugares en el centro de la tierra, que componían lo que se conocía como el Hades. Había un lugar de descanso para los almas de los justos llamado el seno de Abraham, y otros lo denominaban el paraíso. También había otro lugar donde las almas de los injustos estaban.

Lucas 16:22-23: "Sucedió que murió el pobre y fue llevado por los ángeles al seno de Abraham; y murió también el rico y fue sepultado. En el Hades (la región de los muertos) el rico alzó sus ojos, estando en tormentos, y vio a Abraham a lo lejos, y a Lázaro en su seno. Y gritando, dijo: 'Padre Abraham, ten misericordia de mí, y envía a Lázaro para que moje la punta de su dedo en agua y refresque mi lengua, pues estoy en agonía en esta llama. Pero Abraham le dijo: 'Hijo, recuerda que durante tu vida recibiste tus bienes, y Lázaro, igualmente, males; pero ahora él es consolado aquí, y tú estás en agonía. Además de todo esto, hay un gran abismo puesto entre nosotros y ustedes, de modo que los que quieran pasar de aquí a ustedes no pueden, y tampoco nadie puede cruzar de allá a nosotros."

No sabemos específicamente cuales eran los tormentos en los cuales se encontraba el rico, pero si vemos que había una separación entre ambos lugares que mencionamos anteriormente, donde no había acceso de un lugar a otro. También vemos que Pablo dijo que Jesús llevo cautivo la cautividad, lo que nos da a entender que después que El declaró Su victoria tanto a los que estaban en el seno de Abraham como a los injustos que estaban en el otro lado, trasladó las almas de los justos al tercer cielo, donde Pablo más luego dice que el paraíso estaba:

> **2 Corintios 12:2-4:** "Conozco a un hombre en Cristo, que hace catorce años (no sé si en el cuerpo, no sé si fuera del cuerpo, Dios lo sabe) el tal fue arrebatado hasta el tercer cielo. Y conozco a tal hombre (si en el cuerpo o fuera del cuerpo no lo sé, Dios lo sabe) que fue arrebatado al paraíso, y escuchó palabras inefables que al hombre no se le permite expresar."

Podemos concluir que Jesús hizo una mudanza. El mudó el paraíso y los almas de los justos del centro de la tierra al tercer cielo. Ahora cuando un justo muere, no desciende, sino que asciende, y descansa en el paraíso hasta el día del sonar de la trompeta.

# Capítulo 7:
# SU RESURRECCIÓN

## La Resurrección: Una Doctrina Real y Fundamental

LA PALABRA *RESURRECCIÓN* SIGNIFICA: "*UN levantamiento de entre los muertos, un retorno a la vida después de haber muerto.*" Este concepto no está circunscrito a la Biblia. Otras religiones, como el Islam, creen en el concepto de resurrección y forma parte de sus creencias en cuanto al fin del mundo.

Por supuesto, que cuando se habla de resurrección, el caso más famoso es el de Cristo. Es imposible hablar de Cristo sin mencionar Su nacimiento, muerte, y resurrección. De Su nacimiento y muerte no hay tanta controversia, pues muchos historiadores están convencidos que Jesús fue una figura histórica real, aunque esos mismos historiadores no piensen que Él era de origen divino. La controversia grande aquí es si resucitó Jesús después de Su muerte. La respuesta a esta polémica depende del punto de vista de la persona a quien usted le pregunta. Si es creyente te dirá que sí, si no es creyente te dirá que no.

Pero aún entre "creyentes" puede haber aquellos que no creen que Jesús resucitó, porque no creen que la resurrección es algo posible. Pablo se entera de que en la Iglesia de Corinto había un grupo que no creía en la posibilidad de una resurrección física, y les dirige la palabra:

**1 Corintios 15:12-14: "Y si se predica que Cristo resucitó de los muertos, ¿cómo dicen algunos entre vosotros que no hay resurrección de muertos? Porque si no hay resurrección de muertos, tampoco Cristo resucitó. Y si Cristo no resucitó, vana es entonces nuestra predicación, vana es también vuestra fe."**

¡Que sencilla pero poderosa declaración! Si no hay posibilidad de resurrección, entonces Cristo no pudo haber resucitado, y si Cristo no resucitó, la fe en Él es ridícula, absurda, e innecesaria. Algunos en el primer siglo llamado *gnósticos*, (significa "*los que conocen*"), negaban que el Verbo fue hecho carne de manera literal, y que solamente apareció como un fantasma. Una teoría como esta presupondrá que Jesús tampoco murió ni resucito de manera física, sino aparentó morir y resucitar. Lo crea usted o no, hay teólogos progresivos actuales que creen que la resurrección de Jesús fue espiritual y no literal.

También había otro grupo en la época de la Iglesia primitiva que creía que la resurrección ya se había efectuado:

**2 Timoteo 2:17-18: "Y la palabra de ellos carcomerá como gangrena; de los cuales son Himeneo y Fileto; que se han descaminado de la verdad, diciendo que la resurrección ya pasó, y trastornan la fe de algunos."**

Este grupo también contenía enseñanzas gnósticas, afirmando que la resurrección era una experiencia espiritual cuando la persona se convierte y pasa de muerte espiritual a vida espiritual, pero que no había porque esperar en una resurrección física. Pablo fue tajante con su enseñanza y no aceptó esta herejía, incluso pronunció una sentencia espiritual sobre sus propagantes:

**1 Timoteo 1:20: "De los cuales son Himeneo y Alejandro, los cuales entregué a Satanás, para que aprendan a no blasfemar."**

Hay tópicos bíblicos que están abiertos a discusión, especulación, y diversidad de opiniones, porque son tópicos que no están claramente expuestos o definidos. Son tópicos de segunda importancia. Pero hay otros tópicos que están tan delineados y definidos en las Escrituras que el errar en ellas implica una de tres cosas, 1) **hay un nivel de oscurecimiento de entendimiento bastante alto en el intérprete,** 2) **el nivel de rebelión del individuo lo lleva a contrarrestar la verdad expuesta simplemente por el odio y sentimiento negativo que tiene contra el grupo que expone correctamente ese tema,** 3) **un espíritu de error se ha apoderado de alguien cuya consciencia espiritual ya está quemada y que no siente ningún remordimiento por la vida que vive y las personas a quien engaña.**

Fuertes como suenen estas palabras, tenemos que considerar que Pablo no titubeó con la doctrina de resurrección. Para el, (y para nosotros también debiera ser así), el asunto de la resurrección no es negociable. La resurrección es una realidad que ocurrió en el Antiguo Testamento. Tanto los profetas Elías como Eliseo ambos resucitaron jóvenes por el poder de Dios, y un cadáver que toca los huesos de Eliseo al ser lanzado en el sepulcro del profeta retorna a la vida. Jesús mismo resucitó a tres personas durante Su ministerio terrenal, y El mismo resucitó de entre los muertos. En el libro de los Hechos hallamos a dos personas más resucitado por los Apóstoles mediante el poder de Dios.

Los saduceos no creían que esto era posible. Pero la evidencia bíblica sugiere todo lo contrario. Como la resurrección de Jesús es parte del mensaje fundamental de la Iglesia cristiana, veamos algunas realidades sobre este tema.

## La Resurrección de Jesús: Un Plan Eterno

La resurrección, al igual que el nacimiento, ministerio, y muerte de Jesús, fue profetizado en el Antiguo Testamento porque era parte del Plan Eterno. Observe lo que dijo el Salmista David y que luego el Apóstol Pedro lo cita en su mensaje en el día de Pentecostés:

**Salmos 16:10: "Porque no dejarás mi alma en el sepulcro; Ni permitirás que tu santo vea corrupción."**

**Hechos 2:25-28: "Porque David dice de Él: Veía al Señor siempre delante de mí: Porque está a mi diestra, no seré conmovido. Por lo cual mi corazón se alegró, y se gozó mi lengua; Y aun mi carne descansará en esperanza; Porque no dejarás mi alma en el infierno, ni permitirás que tu Santo vea corrupción. Me hiciste conocer los caminos de la vida; Me llenarás de gozo con tu presencia."**

Jesús mismo les explicó a los discípulos que iban camino a Emaús que todo lo que le había acontecido era parte del plan eterno:

**Lucas 24:25-27: "Entonces Él les dijo: ¡Oh insensatos, y tardos de corazón para creer todo lo que los profetas han dicho! ¿No era necesario que el Cristo padeciera estas cosas, y que entrara en su gloria? Y comenzando desde Moisés, y de todos los profetas, les declaró en todas las Escrituras lo concerniente a Él."**

Y también se lo había dejado saber a Sus discípulos durante Su ministerio terrenal:

**Marcos 9:31: "Porque enseñaba a sus discípulos, y les decía: El Hijo del Hombre será entregado en manos**

de hombres, y le matarán; pero después de muerto, resucitará al tercer día."

Todo había sucedido de la manera en que Dios lo había prefijado y preordenado, por eso la declaración de Isaías es tan poderosa:

Isaías 46:9-10: "Acordaos de las cosas pasadas desde la antigüedad; porque yo soy Dios, y no hay más Dios, y nada hay semejante a mí; que anuncio lo por venir desde el principio, y desde la antigüedad lo que aún no era hecho; que digo: Mi consejo permanecerá, y haré todo lo que quiero."

## La Resurrección: Un Acto Voluntario, pero también de Obediencia

Jesús se entregó de manera voluntaria al propósito divino de Su Padre. Es por lo tanto que el acto de morir y resucitar es algo que no fue forzoso u obligado, fue algo al que El voluntariamente se entregó:

Juan 10:17-18: "Por eso me ama el Padre, porque yo pongo mi vida, para volverla a tomar. Nadie me la quita, sino que yo la pongo de mí mismo. Tengo poder para ponerla, y tengo poder para volverla a tomar. Este mandamiento recibí de mi Padre."

La muerte no pudo ejercer señorío sobre Jesús, porque Jesús fue el que voluntariamente entregó su espíritu, no fue que la muerte tuvo potestad sobre Su cuerpo:

Lucas 23:46: "Entonces Jesús, clamando a gran voz, dijo: Padre, en tus manos encomiendo mi espíritu. Y habiendo dicho esto, entregó el espíritu."

**Hechos 2:24: "a quien Dios resucitó, habiendo soltado los dolores de la muerte, por cuanto era imposible ser retenido por ella."**

Jesús estaba en control de todo, se reservó el derecho de hasta manejar Su último momento terrenal. Pero no perdamos de vista que la cláusula que leímos en el pasaje de Juan citado arriba también dice que la resurrección, tal y como la muerte, fue un mandamiento que Jesús recibió del Padre. ¡Por lo tanto, la resurrección también fue un acto de obediencia!

Hay gente que no pueden reconciliar, especialmente en la actualidad, como la voluntad y la obediencia operan juntos. ¿Piensan que si uno tiene voluntad libre, como se dejara uno mandar por otro? Como hemos tocado previamente, Jesús rindió Su voluntad humana completamente a la voluntad de Su Padre. Por lo tanto, todo lo que el Padre había diseñado y que El esperaba de Su Hijo se hizo posible. En Su divinidad, el Maestro sabía cuál era la asignación que tenía que llevar a cabo. En Su humanidad, tenía que rendir esa voluntad humana a la voluntad divina.

Precisamente, esto es lo mismo que tiene que ocurrir en nosotros para que podamos obedecer a Dios. Nacemos de nuevo, recibimos esa infusión de naturaleza divina por el Espíritu Santo, y ahora podemos voluntariamente entregar nuestra voluntad humana a Dios, para recibir la de Él, y así podemos someternos a lo que Dios pide y espera de nosotros. Jesús fue el perfecto ejemplo para nosotros. ¡Si Él pudo, nosotros también podemos!

## La Resurrección: Un Acto Auxiliado

¿Como podre, pregunta usted? Sencillo, reiteramos que el Espíritu Santo está disponible para nosotros como lo estuvo para nuestro Señor. Incluso, podemos añadir otra dimensión a este tema de la resurrección de Jesús. Ya hemos hablado de la resurrección como parte del plan eterno, como un acto voluntario, y como un acto de obediencia. Adicional a esto, creemos que la resurrección también fue un acto asistido, o auxiliado, y el Apóstol Pablo lo enseña más claramente en Romanos:

**Romanos 8:11: "Y si el Espíritu de Aquél que levantó de los muertos a Jesús mora en vosotros, el que levantó a Cristo de entre los muertos, vivificará también vuestros cuerpos mortales por su Espíritu que mora en vosotros."**

**Romanos 10:9: "Que, si confesares con tu boca al Señor Jesús, y creyeres en tu corazón que Dios le levantó de los muertos, serás salvo."**

Aquí vemos algo muy impactante. El mismo Espíritu Santo que realizó la concepción milagrosa de nuestro Señor en el vientre de María, también fue parte de la resurrección del Señor. Dios el Padre levanto a Su Hijo Jesús de entre los muertos por el poder de Su Santo Espíritu.

Por lo cual te recuerdo, amado creyente, que ese mismo Espíritu Santo es tu ayudador. Jesús llamó al Espíritu Santo *"El Consolador"* en los **capítulos 14 al 16 del evangelio del Apóstol Juan.** La palabra consolador en griego es *"paracletos"*, y entre sus varios significados encontramos a *"ayudador."* El paracleto era uno que se paraba al lado de otro para asistirlo, especialmente en el contexto legal delante de un juez. Era lo que hoy conocemos como abogado de defensa. El Espíritu Santo es nuestro ayudador, nuestro defensor, nuestro abogado en la tierra que intercede por nosotros, así como Jesús es nuestro abogado celestial intercediendo por nosotros delante del Padre. Cuando no sepas como orar, o que hacer, no estás solo. Tienes a un ayudador, a uno que intercede por ti, a uno que te ama tanto que presenta tu causa delante del Soberano:

**Romanos 8:26: "Y de la misma manera, también el Espíritu nos ayuda en nuestras debilidades; pues qué hemos de pedir como conviene, no lo sabemos; pero el Espíritu mismo intercede por nosotros con gemidos indecibles."**

## La Resurrección: La exaltación de Jesús

La resurrección de Jesús también culmina en Su exaltación. Después de Jesús haber ascendido al cielo cuando terminó Su obra terrenal, el cielo le recibe. El libro de los Salmos nos da a nosotros una posible descripción del escenario cuando Jesús finalmente se sienta a la diestra del Padre. Puedo imaginarme a las huestes celestiales recitando las palabras del Rey David en:

**Salmos 24:7-10: "Alzad, oh puertas, vuestras cabezas, y alzaos vosotras, puertas eternas, y entrará el Rey de gloria. ¿Quién es este Rey de gloria? Jehová el fuerte y valiente, Jehová el poderoso en batalla. Alzad, oh puertas, vuestras cabezas, y alzaos vosotras, puertas eternas, y entrará el Rey de gloria. ¿Quién es este Rey de gloria? Jehová de los ejércitos, Él es el Rey de gloria."**

Nuestro Señor no solamente experimentó humillación en ser parte de Su creación siendo divino, sino que fue más allá y sufrió la muerte horrenda y vergonzosa mediante crucifixión. Se humilló hasta lo sumo, y por eso el Padre le exaltó hasta lo sumo:

**Filipenses 2:8-11: "y hallado en la condición de hombre, se humilló a sí mismo, haciéndose obediente hasta la muerte, y muerte de cruz. Por lo cual Dios también le exaltó hasta lo sumo, y le dio un nombre que es sobre todo nombre; para que, al nombre de Jesús, se doble toda rodilla; de los que están en el cielo, y en la tierra, y debajo de la tierra, y toda lengua confiese que Jesucristo es el Señor, para la gloria de Dios Padre."**

El grado de nuestra humillación determina el grado de nuestra exaltación. Lamentablemente, hay creyentes que quieren portar la corona de gloria sin primero llevar la cruz del sufrimiento y auto abnegación. Hay muchos que quieren reinar con Jesús sin primero padecer por El. Quieren la gloria sin tener una historia. Sencillamente puesto, quieren los beneficios sin el compromiso. Solamente quisiera observar lo siguiente: ¡si Dios el Padre procesó a Su propio Hijo, tú y yo no escaparemos de pasar por el mismo procesó! ¡Y si para Jesús ese proceso fue satisfactorio, para ti y para mí lo deber ser también!

## Actividad de Jesús Post-Resurrección

**Hechos 1:3: "a quienes también, después de haber padecido, se presentó vivo con muchas pruebas indubitables, siendo visto de ellos por cuarenta días, y hablándoles acerca del reino de Dios."**

Por cuarenta días Jesús se presentó a Sus discípulos, y cada una de esas apariciones tiene una gran lección que enseñarnos. Trataremos de extraer algo relevante para nosotros en cada ocurrencia. Veamos:

**1) Lucas 23:49-56.** Un grupo de mujeres que habían estado presente durante la crucifixión y sepelio de Jesús fueron a preparar especies y ungüentos para ungir el cuerpo de Jesús. Al venir el domingo durante la madrugada al sepulcro, encuentran que Él no está allí, y ángeles les notifican que Él había resucitado. Cuan impactante es que estas mujeres continúan ejerciendo responsabilidad y dedicación a su Maestro en medio de momentos tan difíciles. Nosotros los creyentes debiéramos emular ese ejemplo. En medio de las dificultades más grandes de nuestras vidas, hay que seguir siendo fiel al Señor, aun cuando parezca que todo haya terminado.

**2) Lucas 24:1-12, Juan 20:1-10.** Las mujeres corrieron a decirle las buenas nuevas a los once apóstoles, quienes, al oírlas, dudaron de lo que ellas decían, pero Pedro y Juan corren hacia el sepulcro para verificar la declaración de ellas. Juan, siendo más joven que Pedro y corriendo más rápido, llega al sepulcro primero y mira adentro pero no entra, mientras Pedro llega y entra al sepulcro. Pedro verifica que Jesús no estaba en el sepulcro, solo sus lienzos y el sudario puesto en un lugar aparte. Entonces Juan entra y ve el escenario, y cree. Pedro mismo también se maravilló de lo que había visto. Es importante que mantengamos en mente que la fe no necesita evidencia visible para reforzarla, porque la fe es evidencia en sí misma, es la convicción de lo que no se ve. Mas luego Jesús reprendería a los discípulos por su incredulidad cuando se les apareció. Ejercer fe ante la evidencia de lo contrario a lo cual se cree, no solo es un reto, sino también un acto heroico de parte de los que se deciden y atreven a creer en medio de su crisis. Es por eso que Hebreos 11 es comúnmente conocido como la lista de los héroes de la fe!

**3) Juan 20:11-18.** Jesús se presenta primero a María Magdalena cuando se levanta entre los muertos. El que Jesús haya aparecido primero a una mujer es algo impactante. ¡Las mujeres eran consideradas inferiores al varón en la mentalidad de muchos de la época, pero no por Jesús! Cuando Él se le revela, ella no lo reconoce por vista, pensando que él era el hortelano, y le pidió que si se había llevado el cuerpo de su Señor, que le dijera donde estaba. Jesús procede a llamarla por su nombre, a lo cual ella responde, *"Raboni"*, que significa *"Mi Maestro."* Solo hago la observación de que ella no lo reconoció por vista, pero lo reconoció por Su voz. Habrá momentos en nuestras vidas que no podremos reconocer al Señor de manera visible, y parecerá que nuestra esperanza haya acabado. ¡Pero es ahí donde lo podemos reconocer por Su voz! Jesús le dijo a María que no lo tocara, porque todavía no había subido a Su Padre. ¿Qué es lo que Jesús habría de hacer al subir al Padre? El libro de los Hebreos lo detalla:

**Hebreos 9:22-24: "Y según la ley, casi todo es purificado con sangre, y sin derramamiento de sangre no hay perdón. Por tanto, fue necesario que las representaciones de las cosas en los cielos fueran purificadas de esta manera, pero las cosas celestiales mismas, con mejores sacrificios que estos. Porque Cristo no entró en un lugar santo hecho por manos, una representación del verdadero, sino en el cielo mismo, para presentarse ahora en la presencia de Dios por nosotros."**

Ahí lo tenemos bastante claro, Jesús entró a la presencia de Su Padre y presentó la sangre que había derramado en la cruz, así como el sumo sacerdote entraba una vez al año en el día de la expiación, (Yom Kippur), al Lugar Santísimo en el tabernáculo para rociar sangre sobre el propiciatorio del arca del pacto. Dios recibiría la sangre y perdonaría al pueblo de Israel por sus pecados. De la misma manera, el Padre recibe la sangre de Su Hijo como la sangre que había de limpiar a toda la humanidad.

**4) Lucas 24:13-35.** Mas luego en ese día se acerca a dos de sus discípulos que iban hacia Emaús. Ellos no le podían reconocer porque sus ojos estaban velados. Habrá momentos en que Dios te cerrara los ojos físicos para que puedas oír, **"pues por fe andamos, y no por vista,"** **2 Corintios 5:7.** Ellos habían perdido la esperanza de que Jesús resucitaría. Él se hizo como que no sabía lo que estaba ocurriendo, pero al oír su incredulidad, los reprendió, y les dio un recorrido bíblico de todos los pasajes que proféticamente se referían a Él. Ellos, teniendo sus corazones ardiendo por Sus palabras, lo invitan a quedarse con ellos en su casa, ya que declinaba el día. Cuando Jesús se sienta a la mesa con ellos, toma el pan y lo bendice. Lo interesante de este acto, es que es uno que no debiera hacer alguien en Sus zapatos, porque Él era el invitado en esa ocasión. Quien se supone que bendijera el pan era el dueño del hogar. Jesús nunca aceptara un segundo lugar en tu vida. Él es el Alfa y Omega, el principio y el fin, ¡y es nuestro dueño!

Los dos discípulos reconocieron instantáneamente que era Jesús, pues sus ojos fueron abiertos. Hay algo distintivo de la manera en que Jesús parte el pan que les abrió los ojos. De igual manera, la forma en que Él nos habla es distintivo, por lo tanto, quienes conocen como El opera pueden detectar cuando El opera.

**5) Lucas 24:36-49, Juan 20:19-23.** Ellos fueron rápido adonde los otros once para contarles la experiencia que habían tenido, estando las puertas cerradas. Las puertas estaban cerradas porque ellos tenían miedo de los judíos. El acceso era limitado, solo abierto a conocidos. Pero mientras hablaban, Jesús apareció, y les saludo con el saludo tradicional, **"Paz a vosotros."** Ellos atemorizados, (los diez, no los dos que habían venido de Emaús y que ya habían visto a Jesús), pensaban que veían un espíritu. Pero Jesús procedió a mostrarle sus manos y pies, que eran las evidencias de Su muerte, pues Él era el que fue crucificado. Luego procede a soplar sobre ellos, impartiéndoles el Espíritu Santo en el contexto de regeneración, como hemos establecido anteriormente. ¡Qué grande enseñanza podemos obtener de este relato! En nuestros momentos de depresión y temor, podemos recordar la muerte de Jesús y Su resurrección, y recibiremos aliento para seguir viviendo, y aliento para seguir operando.

**6) Juan 20:24-29.** Tomas, no estando entre ellos esa noche, procede a dudar cuando ellos le cuentan lo que había sucedido, poniéndole condiciones a Jesús. El Jesús glorificado oyó lo que Tomas dijo, aunque no estaba presente físicamente, porque cuando ocho días después estaban otra vez encerrados, Jesús aparece otra vez, y al primero que le habla es a Tomas. El invita a

Tomas a poner su dedo en la herida de Sus manos y su mano en Su costado, y le reprende por haber tenido que ver para creer. Jesús les presenta nuevamente a Sus discípulos las marcas de Su cuerpo como la evidencia de Su sobrevivencia. ¡Cuán importante es que nosotros testifiquemos de lo que Dios ha hecho en nuestras vidas! Especialmente cuando hablamos de esta generación actual, la cual no podremos alcanzar solo de manera "espiritual." Jesús traspasó la pared en Su sobrenaturalidad espiritual, pero para extraer fe de Sus discípulos tuvo que hacerse palpable. La Iglesia de este tiempo tiene que encarnarse, y poder compartir con la gente al nivel de ellos, para mostrarles las señales de nuestra sobrevivencia, e infundirles esperanza, de que, si Dios lo hizo con nosotros, también lo puede hacer con ellos! Jesús, aun comió pescado y miel con ellos para asegurarles que era El. Después procedió a enseñarles, porque nuestras acciones de transparencia y humildad abrirán la confianza a otros para dejarse enseñar por nosotros. Creo que esta táctica será vital para el evangelismo del sigo 21.

**7) Juan 21**. Jesús se les aparece a los discípulos otra vez en el mar de Galilea, mientras Pedro y otros pescaban allí. Habiendo pescado toda la noche, (como era de costumbre para poder tener la mayor probabilidad de agarrar peces), pero no habían logrado nada. Ahí aparece mandándoles a tirar la red a la derecha de la barca. Ellos no lo reconocieron a la distancia, pero obedecieron. Cuando obedecen, la red tenía tantos peces que no podían sacarla del agua. Pedro reconoció a Jesús al ver el resultado, porque era una experiencia que ya él había tenido antes con Jesús en Lucas 5 en la pesca milagrosa. Cuando has tratado de lograr algo con tus fuerzas y no has podido, trátalo otra vez por la palabra de Jesús, te aseguro que habrá resultados positivos. Pedro se lanza al agua para llegar a Jesús, tal como en **Mateo 14** se tira al mar para caminar hacia Él. Cuando los discípulos llegan adonde Jesús en la orilla, ya Él tenía un desayuno especial preparado para ellos.

Al comer, Jesús le pregunta tres veces a Pedro si él lo amaba. Pedro responde tres veces al Señor que si lo amaba. Algunos han visto una correspondencia entre la cantidad de veces que Pedro negó al Señor y la cantidad de veces que Jesús le hizo la pregunta. La tristeza de Pedro al oír la tercera pregunta pudiera ser un indicador de esto, a pesar de que las repetidas preguntas de Jesús quizás llevaron a Pedro a dudar de que Jesús le creía. De todos modos, si buscamos las raíces griegas de la palabra amor en este pasaje, vemos que la palabra griega *"ágape"* es usada cuando Jesús pregunta, y la palabra griega *"filios"* es usada cuando Pedro contesta. Ágape describe el amor incondicional y sacrificial de Dios mientras *filios* describe un amor de amistad, familia, y hermandad. De modo que, en sí, Pedro no le contestó la pregunta a Jesús. Jesús procede a profetizarle su muerte y aun la manera de morir. Era si como Jesús le dijera a Pedro, *"**No me puedes contestar la pregunta ahora, pero lo harás al final cuando des tu vida por mi como yo la di por ti.**"* La señal más grande de nuestro compromiso con el Señor es nuestra disposición a entregarnos por El cómo Él lo hizo por nosotros.

Adicionalmente, Jesús le exhorta a Pedro a que se mantuviera enfocado siguiéndole. Pedro ve a Juan siguiéndolos a la distancia y procede a preguntarle a Jesús acerca de él. Jesús le dice a Pedro, **"si quiero que el quede hasta que yo venga, que a ti? Sígueme tu."** Aunque ya tocamos el tema de la competencia ministerial anteriormente, es importante enfatizar que debemos concentrarnos en nuestra asignación y no estar tan pendientes a lo que otros hacen, al menos que sea para aprender de ellos o ayudarlos. Quizás Pedro sentía que Juan estaba comportándose como un intruso. Pero Pedro tenía que recordar que, aunque las llaves del reino les habían sido entregadas a él, había doce apóstoles, no uno. Aun el siendo el líder, Jesús tenía propósito y trabajo para todos. Incluso, como sabemos, Juan fue el último apóstol en morir y el único que murió de muerte natural. Los propósitos de Dios con cada ministerio individual pueden ser tan distinto como las huellas digitales. ¡Respetémonos unos a otros!

**8) Hechos 1:4-8.** En su última aparición, Jesús les exhorta a sus discípulos, (a más de 500 a la vez según narra Pablo en **1 Corintios 15:6**), a permanecer en Jerusalén hasta que fuesen empoderados por el Espíritu Santo. Como hemos explicado anteriormente, esta llenura tenía por propósito equiparlos para predicar con denuedo y manifestación sobrenatural. Pero ocurre algo muy interesante antes de Jesús concentrarlos en la llenura del Espíritu Santo. Los discípulos le preguntan a Jesús si Él había de restaurar el reino de Israel en ese momento. Jesús procede a decirles que a ellos no les tocaba saber los tiempos y las sazones, que el Padre había puesto en Su sola potestad. Si usamos lenguaje teológico, podríamos decir que Jesús los movió de un enfoque escatológico a un enfoque pneumatologico, de uno de los últimos tiempos a uno del Espíritu. Los mismos ángeles que les anuncian a los apóstoles que Jesús habría de venir en la misma manera que se fue, le preguntan qué hacían mirando al cielo. Mientras creo que nos vamos acercando al final de la historia proféticamente hablando, hay demasiado de mucha gente en la Iglesia consumidos por el tema de la segunda venida de Jesús, peleando por cual modelo de escatología es la correcta. Lanzan insultos, acusaciones, y burlas a través de las redes sociales, libros, mensajes, estudios, programas, etc. Unos a otros se acusan de herejes y apostatas, o en algunos casos terroristas y mete miedos, solo porque tienen diferentes interpretaciones en cuanto a la venida del Señor. ¿No debiéramos mejor concentrarnos en llenarnos de la presencia de Dios para ejercer la labor evangelística a nivel mundial, para que cuando Jesús venga, nos halle ocupados, en vez de estar peleando? Cito al fallecido Dr. Walter Martin: *"Lo que nos une como Iglesia no es cuando Jesús viene, lo que nos une es el hecho de que El viene."*

Mateo 24:45-51: "¿Quién es, pues, el siervo fiel y prudente, al cual su señor puso sobre su familia para que les dé el alimento a tiempo? Bienaventurado aquel siervo al cual, cuando su señor venga, le halle haciendo así. De cierto os digo que sobre todos sus bienes le pondrá. Pero si aquel siervo malo dijere en su corazón: Mi señor tarda en venir; y comenzare a golpear a sus compañeros, y aun a comer y a beber con los borrachos, vendrá el señor de aquel siervo en el día que no lo espera, y a la hora que no sabe, y le apartará, y pondrá su parte con los hipócritas; allí será el lloro y el crujir de dientes."

## La Iglesia y su futura resurrección física

Hablando de escatología, (que es el estudio de los últimos acontecimientos, incluyendo profecía, muerte, resurrección, etc.), no podemos dejar fuera el hecho de que, si Cristo resucitó, nosotros también experimentaremos resurrección. Cuando menciono la palabra nosotros, me refiero a aquellos que mueran en el Señor previo a Su venida, porque no hay resurrección sin que haya muerte primero. Observemos lo que el mismo Jesús dijo:

Juan 6:39-40, 44, 54: "Y ésta es la voluntad del Padre que me envió: Que de todo lo que me ha dado, no pierda yo nada, sino que lo resucite en el día postrero. Y ésta es la voluntad del que me envió: Que todo aquel que ve al Hijo, y cree en Él, tenga vida eterna; y yo le resucitaré en el día postrero. Ninguno puede venir a mí, si el Padre que me envió no le trajere; y yo le resucitaré en el día postrero. El que come mi carne y bebe mi sangre, tiene vida eterna; y yo le resucitaré en el día postrero."

Unamos las palabras de Jesús a lo que el Apóstol Pablo escribe:

**1 Corintios 15:20-23, 50-54:** "Mas ahora Cristo ha resucitado de los muertos; primicias de los que durmieron es hecho. Y por cuanto la muerte entró por un hombre, también por un hombre la resurrección de los muertos. Porque así como en Adán todos mueren, así también en Cristo todos serán vivificados. Pero cada uno en su debido orden: Cristo las primicias; luego los que son de Cristo, en su venida. Mas esto digo, hermanos; que la carne y la sangre no pueden heredar el reino de Dios; ni la corrupción hereda la incorrupción. He aquí, os digo un misterio: No todos dormiremos, pero todos seremos transformados. En un momento, en un abrir y cerrar de ojos, a la final trompeta; porque se tocará la trompeta, y los muertos serán resucitados incorruptibles, y nosotros seremos transformados. Porque es necesario que esto corruptible se vista de incorrupción, y esto mortal se vista de inmortalidad. Y cuando esto corruptible se haya vestido de incorrupción, y esto mortal se haya vestido de inmortalidad, entonces se cumplirá la palabra que está escrita: Sorbida es la muerte en victoria."

**1 Tesalonicenses 4:13-18:** "Mas no quiero, hermanos, que ignoréis acerca de los que duermen, para que no os entristezcáis como los otros que no tienen esperanza. Porque si creemos que Jesús murió y resucitó, así también traerá Dios con Él a los que durmieron en Jesús. Por lo cual, os decimos esto por palabra del Señor; que nosotros que vivimos, que habremos quedado hasta la venida del Señor, no precederemos a los que durmieron. Porque el Señor mismo con aclamación, con voz de arcángel, y con trompeta de Dios, descenderá del cielo; y los muertos en Cristo resucitarán primero. Luego nosotros los que vivimos, los que hayamos quedado, juntamente con ellos seremos arrebatados en las nubes para recibir al Señor en el aire, y así estaremos siempre con el Señor. Por tanto, consolaos unos a otros con estas palabras."

Hay amplia evidencia en estos pasajes de 1 Corintios y 1 Tesalonicenses de que Jesús resucitará a los que durmieron, o murieron, en Su venida. Eso debe servir de aliento no solo a los que mueren antes del sonar de la trompeta, sino también a nosotros los que perdemos familiares, amigos, y hermanos en la fe que sirvieron al Señor. Aun los que estamos vivos actualmente, tenemos la esperanza de ver a los cielos abrirse mientras nuestro Redentor viene a buscarnos, pero si nos tocase morir primero, podemos tomar las palabras de Pablo prestado:

**Romanos 14:8: "Pues si vivimos, para el Señor vivimos; y si morimos, para el Señor morimos. Así que, ya sea que vivamos, o que muramos, del Señor somos."**

## La Iglesia y La Resurrección Espiritual

Definitivamente anhelamos el momento del retorno del Señor por Sus escogidos. Ahí serán transformados los que estén vivos, y resucitados los que estén muertos. Pero hay una resurrección espiritual que la Iglesia experimenta en su peregrinaje por este mundo previo al comienzo del fin de todas las cosas. Veamos lo que nos dice Pablo:

**Efesios 2:4-6: "Pero Dios, que es rico en misericordia, por su gran amor con que nos amó, aun estando nosotros muertos en pecados, nos dio vida juntamente con Cristo (por gracia sois salvos), y juntamente con Él nos resucitó, y asimismo nos hizo sentar con Él, en lugares celestiales en Cristo Jesús."**

Colosenses 2:12: "Sepultados con Él en el bautismo, en el cual también sois resucitados con Él, mediante la fe en el poder de Dios que le levantó de los muertos."

Colosenses 3:1: "Si, pues, habéis resucitado con Cristo, buscad las cosas de arriba, donde está Cristo sentado a la diestra de Dios."

Estos versos nos dejan saber que la Iglesia no solamente participa de la muerte de Jesús mediante la auto abnegación, o al celebrar la cena del Señor. Estos versos nos dejan saber que ahora mismo, en esta vida, también participamos de la resurrección de nuestro Señor. ¿Como? ¡La nueva vida! Cuando somos regenerados por el Espíritu Santo al recibir el señorío de Jesús en nuestras vidas, despertamos a una vida nueva. Esa vida es espiritual y eterna en naturaleza. La palabra griega para describir esta vida es *"zoe."* Esta vida *zoe* se distingue de la vida natural, (*"bios"* en griego, de donde viene nuestra palabra *biología*). Es la vida que Jesús vino a manifestar:

Juan 10:10: "El ladrón no viene sino para hurtar y matar y destruir; yo he venido para que tengan vida, y para que la tengan en abundancia."

## La Iglesia es la Evidencia de la Resurrección de Jesús

Esa vida nueva en Cristo tiene características que lo distinguen. Entre las muchas que podemos dar, queremos enfatizar en el hecho de que esa vida nueva se caracteriza por un interés en lo celestial y eterno. Esa vida nueva causa un cambio de enfoque, un cambio de conducta, y un cambio de destino:

Colosenses 3:2-4: "Poned vuestra mira en las cosas de arriba, no en las de la tierra. Porque muertos sois, y vuestra vida está escondida con Cristo en Dios. Cuando

Cristo, nuestra vida, se manifieste, entonces vosotros también seréis manifestados con Él en gloria."

Una vida transformada producirá fruto que será evidencia de esa transformación:

Colosenses 3:5-17: "Haced morir, pues, vuestros miembros que están en la tierra; fornicación, impureza, pasiones desordenadas, mala concupiscencia y avaricia, que es idolatría; cosas por las cuales viene la ira de Dios sobre los hijos de desobediencia; en las cuales también vosotros anduvisteis en otro tiempo cuando vivíais en ellas. Mas ahora dejad también vosotros todas estas cosas; ira, enojo, malicia, blasfemia, palabras sucias de vuestra boca. No mintáis los unos a los otros, habiéndoos despojado del viejo hombre con sus hechos; y vestíos del nuevo, el cual se va renovando en el conocimiento conforme a la imagen del que lo creó, donde no hay griego ni judío, circuncisión ni incircuncisión, bárbaro ni escita, siervo ni libre; sino que Cristo es el todo, y en todos. Vestíos, pues, como escogidos de Dios, santos y amados, de entrañas de misericordia, de benignidad, de humildad, de mansedumbre, de longanimidad; soportándoos unos a otros, y perdonándoos unos a otros. Si alguno tuviere queja contra otro, de la manera que Cristo os perdonó, así también hacedlo vosotros. Y sobre todas estas cosas, vestíos de amor que es el vínculo de perfección. Y la paz de Dios reine en vuestros corazones; a la que asimismo sois llamados en un cuerpo; y sed agradecidos. La palabra de Cristo more en abundancia en vosotros, en toda sabiduría; enseñándoos y exhortándoos unos a otros con salmos e himnos y cánticos espirituales, cantando con gracia en vuestros corazones al Señor. Y todo lo que hacéis, sea de palabra o de hecho, hacedlo todo en el

**nombre del Señor Jesús, dando gracias al Dios y Padre por medio de Él."**

Siendo que hemos tocado el tema de la regeneración en el capítulo 3 y que estos versos en Colosenses 3 son tan claros, no vamos a seguir abundando en el tema de la vida nueva. Pero si queremos enfatizar en el punto de que la Iglesia es la evidencia de la resurrección de Jesús. Él está sentado a la diestra del Padre, nosotros estamos aquí en la tierra. Si el Espíritu de Cristo está en nosotros, entonces el carácter de Cristo será formado en nosotros. Una iglesia que hable y se conduzca como Él lo hizo en esta tierra, será la mayor evidencia de que Él está vivo. La tumba vacía fue la evidencia para los discípulos, pero las obras y carácter de Cristo en ellos fue la evidencia para aquellos que no estuvieron presentes aquel Domingo por la mañana. Dos mil años después, nuestra fe en que la tumba quedo vacía es importante, ¡pero la mayor evidencia sigue siendo una Iglesia que refleje a su Señor y fundador!

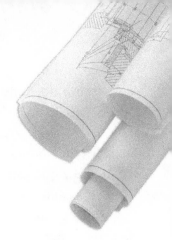

*Capítulo 8:*
# Su Retorno

EN EL CAPÍTULO ANTERIOR, TOCAMOS momentáneamente el tema de la escatología. Es uno de los temas más populares en el día de hoy. El futuro es algo que siempre ha intrigado al ser humano, porque es desconocido y nosotros no lo podemos controlar. El pasado es algo que podemos analizar con visión clara, el presente es donde podemos tomar las acciones correctas y corregir pasados errores, pero lo único que podemos hacer en cuanto el futuro es practicar el antiguo adagio: *"anhela lo mejor, prepárate para lo peor."*

El creyente tiene maravillosas y gloriosas promesas en la Biblia en cuanto al futuro. Somos prometidos la eternidad con el Señor si permanecemos fieles. Las descripciones en el libro de Apocalipsis de la Nueva Jerusalén y el estado final de la Iglesia son gloriosas. Pero los detalles sobre el retorno de Jesucristo, aunque son muchas, han sido de gran debate entre los teólogos. Las diferencias interpretativas son muchas, y a veces tan intensas que producen discordias, enemistades, y hasta acusaciones de herejía y apostasía. Hay posiciones extremas, como las de los preteristas completos, quienes afirman que ya toda la profecía escatológica se cumplió y no hay que esperar un retorno visible y personal de Jesús.

Fuera de ese extremo, la cual este servidor y muchos otros rechazan con toda claridad y autoridad, todas las demás posiciones están abiertas a debate. Me entristezco cuando veo a gente insultarse, acusarse, condenarse, etc. Hay doctrinas en la Biblia que están tan claramente expuestas que el no afirmarlas sería grave, como la salvación por gracia mediante la fe en la obra salvífica y redentora de Jesús. Pero hay otros tópicos que son debatibles, i.e., Calvinismo vs. Arminianismo. El tema de la segunda venida de Jesús es una que es controversial, en el aspecto de que todos los creyentes creemos que El viene otra vez, la Biblia lo afirma de Antiguo Testamento al Nuevo Testamento. Pero el debate se concentra en el "cuando" y "como" de ese evento. Actualmente el gran debate es si es compuesto por dos fases, un rapto secreto para la iglesia y una segunda venida general para todos.

No es mi anhelo entrar en debates escatológicos, simplemente mencioné todo lo anterior para que podamos distinguir lo que es doctrina de lo que es especulación y teoría. También, en la hora que vivimos, los creyentes no deben estar contendiendo por opiniones, a pesar de que tenemos el derecho de tener posturas personales. Miremos la recomendación paulina a la Iglesia de los romanos cuando hubo una disensión entre ellos por cosas de segunda importancia a la fe primaria, que es la salvífica:

> **Romanos 14:1, 10-13, 18-19, 22: "Recibid al débil en la fe, pero no para contender sobre opiniones." "Pero tú, ¿por qué juzgas a tu hermano? O tú también, ¿por qué menosprecias a tu hermano? Porque todos compareceremos ante el tribunal de Cristo. Porque escrito está: Vivo yo, dice el Señor, que ante mí toda rodilla se doblará, y toda lengua confesará a Dios. De manera**

que cada uno de nosotros dará cuenta a Dios de sí. Por tanto, ya no nos juzguemos los unos a los otros, antes bien, juzgad esto; que nadie ponga tropiezo u ocasión de caer al hermano." "Porque el que en estas cosas sirve a Cristo, agrada a Dios, y es aprobado por los hombres. Así que, sigamos lo que ayuda a la paz y a la edificación de los unos a los otros." "¿Tienes tú fe? Tenla para contigo delante de Dios. Bienaventurado el que no se condena a sí mismo con lo que aprueba."

## Cuidado con los extremos

La obsesión por la escatología puede llevar a un desbalance donde la gente se concentra tanto en el porvenir que se vuelven inútiles en el presente. Otro extremo es no interesarse en estudiar y analizar las profecías bíblicas, lo que llevaría a un descuido con resultados desastrosos. Observemos las siguientes parábolas de Jesús para ver ilustrado estos extremos:

Mateo 24:48-51: "Pero si aquel siervo malo dijere en su corazón: Mi señor tarda en venir; y comenzare a golpear a sus compañeros, y aun a comer y a beber con los borrachos, vendrá el señor de aquel siervo en el día que no lo espera, y a la hora que no sabe, y le apartará, y pondrá su parte con los hipócritas; allí será el lloro y el crujir de dientes."

Mateo 25:18, 24-30: "Mas el que había recibido uno fue y cavó en la tierra, y escondió el dinero de su señor." "Entonces vino el que había recibido un talento, y dijo: Señor, te conocía que eres hombre duro, que siegas donde no sembraste y recoges donde no esparciste; y tuve miedo, y fui y escondí tu talento en la tierra; aquí tienes lo que es tuyo. Respondiendo su señor, le dijo: Siervo malo y negligente, sabías que siego donde no sembré, y que recojo donde no esparcí. Por tanto, debías haber dado mi dinero a los banqueros, y al venir yo, hubiera recibido lo mío con intereses. Quitadle, pues, el talento, y dadlo al que tiene diez talentos. Porque a todo el que tiene le será dado, y tendrá abundancia; más al que no tiene, aun lo que tiene le será quitado. Y al siervo inútil echadle en las tinieblas de afuera; allí será el lloro y el crujir de dientes."

Entonces vemos negligencia en ambos siervos, uno por no estar pendiente al retorno de su señor y ser irresponsable con su asignación de atender a la familia de su señor, y otro por tener una actitud paralizante de temor que lo lleva a ser irresponsable en su asignación de multiplicar su talento. Todos los extremos son malos. No podemos estar tan obsesionados con la venida de Jesús que nos volvamos inútiles e infructíferos en la vida presente, pero tampoco podemos ser tan descuidados y negligentes que nos comportemos irresponsablemente. Hay que velar y estar atentos, Jesús lo dijo:

Lucas 21:36: "Velad, pues, orando en todo tiempo, que seáis tenidos por dignos de escapar de todas estas cosas que han de venir, y de estar en pie delante del Hijo del Hombre."

## Disfruta el aquí y el ahora

La eternidad es algo que podemos disfrutar aquí y ahora, no hay que esperar hasta la venida del Señor. Amarrase el cinturón de seguridad mientras citamos unos versos que comprueban que los que muchos están esperando que ocurra, ya ha ocurrido en un sentido.

2 Corintios 1:22: "el cual también nos ha sellado, y nos ha dado las arras del Espíritu en nuestros corazones."

**2 Corintios 11:2: "Porque os celo con celo de Dios; porque os he desposado a un esposo, para presentaros como una virgen pura a Cristo."**

Es sumamente importante que prestemos atención a estas palabras de Pablo a la Iglesia de los corintios, porque son palabras que aplican a nosotros también. Pablo explica que él había desposado a los corintios con Cristo, y que la señal de ese compromiso era el Espíritu Santo. Recuerde que el contrato matrimonial judío era muy diferente a los tiempos actuales. El estar desposado, (el equivalente de estar *"comprometido"* en nuestra cultura actual), significaba que la pareja ya estaba legalmente casada, solo que la ceremonia nupcial todavía faltaba en celebrarse. El novio le dejaba una prenda a la novia, un anillo, por ejemplo, como garantía de que el regresaría a casarse con ella.

Las palabras de Pablo, tomándolas en su contexto histórico y cultural, nos demuestran que, para él, ya la Iglesia de Corinto estaba casado con Jesús, ¡solo faltaba que Jesús regresara para que se celebraran las bodas! La señal de esa promesa era el Espíritu Santo en ellos. Estas palabras, inspiradas por ese mismo Espíritu Santo, la podemos aplicar a la Iglesia actual. Ya estamos casados con Jesús, solo estamos esperando que El regrese para celebrar las bodas, pero como anticipo de ese momento, tenemos al Espíritu Santo en nosotros, ¡como la confirmación de que Jesús vuelve por nosotros!

Al tener al Espíritu Santo en nosotros, podemos empezar a disfrutar en el presente, parcialmente, lo que nos espera en la próxima etapa. Miremos la importancia de la relación del creyente con el Espíritu Santo:

**Efesios 4:30: "Y no contristéis al Espíritu Santo de Dios, con el cual estáis sellados para el día de la redención."**

**Hebreos 6:4-6: "Porque es imposible que los que una vez fueron iluminados y gustaron el don celestial, y fueron hechos partícipes del Espíritu Santo, y asimismo gustaron la buena palabra de Dios, y los poderes del mundo venidero, y recayeron, sean otra vez renovados para arrepentimiento, crucificando de nuevo para sí mismos al Hijo de Dios y exponiéndole a vituperio."**

Vemos que Pablo exhorta a la Iglesia de los efesios a ser cuidadoso y no entristecer al Espíritu Santo, porque el Espíritu era su sello para el día de la redención, que es otra descripción para el retorno de Jesús por los suyos. ¿Como entristecemos al Espíritu Santo? La respuesta es una lista larga, pero podemos condensarla a: negligencia y descuido espiritual, rebelión, falta de interés y amor por el Señor, etc. ¡No caigamos en ese estado! Sin el Espíritu Santo no podemos venir a Jesús, experimentar a Jesús, reflejar a Jesús, ¡y no podremos ser reunidos con Jesús en Su venida!

El escritor a los hebreos también advierte a su audiencia que, si retornan al judaísmo después de haber creído en Jesús y haberle servido, les sería imposible volver a Jesús después de tal apostasía. Incluso, ellos habían disfrutado del Espíritu Santo y la Palabra de Dios, experimentando los poderes del mundo, o edad, venidero. Esa edad venidera es la eternidad con el Señor, y comienza con Su retorno. ¡En otras palabras, lo que se experimentara en la eternidad ya lo hemos comenzado a disfrutar ahora mismo por el poder del Espíritu Santo!

Que refrescante es saber esta realidad, que en el aquí y ahora, no solo estamos ya casados con el Señor, sino que ya podemos tener una vista, aunque parcial, de lo que viene porque se nos ha concedido el privilegio de empezar a disfrutarlo ahora. Todo lo que usted experimente en cuanto a pureza, gozo, paz, entre muchas otras cosas, ¡son anticipos de lo que experimentaremos en la eternidad con el Señor!

## Ya estamos con el Señor y en el Señor

Quizás le parezca absurdo el subtítulo de esta próxima sección, pero en un sentido, la Iglesia ya está con el Señor y en el Señor. El Padre y el Hijo ya están en nosotros por el Espíritu Santo:

> **Juan 14:15-23: "Si me amáis, guardad mis mandamientos; y yo rogaré al Padre, y Él os dará otro Consolador, para que esté con vosotros para siempre; el Espíritu de verdad, a quien el mundo no puede recibir, porque no le ve, ni le conoce; pero vosotros le conocéis; porque mora con vosotros, y estará en vosotros. No os dejaré huérfanos; vendré a vosotros. Todavía un poco, y el mundo no me verá más; pero vosotros me veréis; porque yo vivo, vosotros también viviréis. En aquel día vosotros conoceréis que yo estoy en mi Padre, y vosotros en mí, y yo en vosotros. El que tiene mis mandamientos, y los guarda, éste es el que me ama; y el que me ama, será amado por mi Padre, y yo le amaré, y me manifestaré a él. Judas le dijo (no el Iscariote): Señor, ¿cómo es que te manifestarás a nosotros, y no al mundo? Respondió Jesús y le dijo: Si alguno me ama, mi palabra guardará; y mi Padre le amará, y vendremos a él, y haremos con él morada."**

> **1 Corintios 6:17: "Pero el que se une al Señor, es un espíritu con Él."**

¡Somos uno con el Señor! ¡No es algo que tenemos que esperar hasta la eternidad para experimentar, ya es una realidad! ¡No solo esto, sino que también ya estamos con El en las esferas celestes! Note lo que expresa Pablo:

**Efesios 2:6:** "Y juntamente con él nos resucitó, y asimismo nos hizo sentar en los lugares celestiales con Cristo Jesús,"

La expresión, nos sentó, está en término pasado, en otras palabras, ¡fue algo que ya ocurrió! ¡Ya estamos sentados con Jesús en el cielo a la diestra del Padre! Esta realidad espiritual no anula la promesa que nos fue dada por Jesús en **Juan 14:2-3**:

> **"En la casa de mi Padre hay muchas moradas; si no fuera así, os lo hubiera dicho; porque voy a preparar un lugar para vosotros. Y si me voy y preparo un lugar para vosotros, vendré otra vez y os tomaré conmigo; para que donde yo estoy, allí estéis también vosotros."**

Mas bien, podemos entender, que la promesa que Jesús nos dio ya ha sido cumplida de manera espiritual, también teniendo un cumplimiento físico que se verá cuando El vuelva por nosotros. En la Biblia hay profecías que se han cumplido más de una vez y que se cumplirán más de una vez. Caso en punto es el derramamiento del Espíritu Santo en **Joel 2:28**. El Apóstol Pedro afirma que el derramamiento del Espíritu Santo en el día de Pentecostés en **Hechos 2** fue el cumplimiento de esa profecía, sin embargo, todavía podemos esperar un futuro cumplimiento de esa escritura, a pesar de que ya ha sido cumplido.

Las cosas de Dios son profundas, a veces difíciles de entender. Una cosa si podemos ver en todos los versos que hemos citado anteriormente, y es que Dios le dio a la Iglesia un anticipo de la eternidad por Su Espíritu, y que no hay que esperar hasta la eternidad para disfrutar de lo que allí hay. ¡En el aquí y ahora lo podemos comenzar a disfrutar, también esperando el glorioso momento cuando todo sea consumado y seamos reunidos con el Señor!

## Jesús vendrá otra vez

El tema de segunda venida de Jesús está plasmado literal e históricamente a través de toda la Biblia. Aunque en Genesis no hallamos una profecía de Enoc, en la epístola de Judas hay una referencia a una profecía que Enoc emitió:

> **Judas 1:14-15: "De éstos también profetizó Enoc, séptimo desde Adán, diciendo: He aquí, el Señor viene con decenas de millares de sus santos, para ejecutar juicio contra todos, y convencer a todos los impíos de entre ellos, de todas sus obras impías que han cometido impíamente, y de toda palabra dura que los pecadores impíos han hablado contra Él."**

Desde el principio se puede ver el cuadro final. Durante el restante de las Escrituras podemos ver los anuncios proféticos de esa venida por boca de los profetas, tantos los mayores como los menores:

> **Daniel 7:13-14: "Miraba yo en la visión de la noche, y he aquí en las nubes del cielo uno como el Hijo del Hombre que venía, y llegó hasta el Anciano de días, y le hicieron llegar delante de Él. Y le fue dado dominio, gloria y reino, para que todos los pueblos, naciones y lenguas le sirvieran; su dominio es dominio eterno, que no pasará, y su reino uno que no será destruido."**

> **Zacarias 14:1-5: "He aquí, el día de Jehová viene, y tus despojos serán repartidos en medio de ti. Porque yo reuniré a todas las naciones en batalla contra Jerusalén; y la ciudad será tomada, y las casas serán saqueadas, y violadas las mujeres; y la mitad de la ciudad irá en cautiverio, más el resto del pueblo no será cortado de la ciudad. Después saldrá Jehová y peleará contra aquellas naciones, como peleó el día de la batalla. Y se afirmarán**

sus pies en aquel día sobre el monte de los Olivos, que
está en frente de Jerusalén al oriente; y el monte de los
Olivos se partirá por medio de sí hacia el oriente y hacia
el occidente haciendo un valle muy grande; y la mitad
del monte se apartará hacia el norte, y la otra mitad
hacia el sur. Y huiréis al valle de los montes; porque el
valle de los montes llegará hasta Azel; y huiréis de la
manera que huisteis por causa del terremoto en los días
de Uzías, rey de Judá: y vendrá Jehová mi Dios, y todos
los santos con Él."

Pero las palabras de Jesús sobre Su retorno deben servir de gran
peso para nosotros Su Iglesia. A veces noto que los que hablan
de escatología mencionan mucho sobre las profecías del Antiguo
Testamento, y de ahí saltan a las epístolas paulinas y generales,
y por supuesto Apocalipsis. Pero no se puede pasar por alto las
palabras de Aquel que prometió regresar. Si de Él se trata toda la
Biblia, incluyendo la escatología, como podemos dejar Sus palabras
fuera? O interpretarlas a la luz de los apóstoles y profetas, cuando
debe ser inverso, ¿las palabras de ellos deben ser interpretadas a
la luz de lo que Jesús dijo?

Es por eso que debemos analizar lo que Jesús dijo sobre Su propia
venida. El dio señales y detalles que no deben ser pasados por alto.
Cuando los discípulos le preguntan a Jesús que señal habría de Su
venida, Jesús les contesto con lujos de detalles. Veamos:

Mat 24:4-14: "Respondiendo Jesús, les dijo: Mirad que
nadie os engañe. Porque vendrán muchos en mi nombre,
diciendo: Yo soy el Cristo; y a muchos engañarán. Y
oiréis de guerras, y rumores de guerras; mirad que no
os turbéis, porque es menester que todo esto acontezca,
pero aún no es el fin. Porque se levantará nación
contra nación, y reino contra reino; y habrá hambres, y

pestilencias, y terremotos en muchos lugares. Y todo esto será principio de dolores. Entonces os entregarán para ser atribulados, y os matarán; y seréis aborrecidos de todas las naciones por causa de mi nombre. Y entonces muchos se escandalizarán; y se entregarán unos a otros, y unos a otros se aborrecerán. Y muchos falsos profetas se levantarán, y engañarán a muchos, y por haberse multiplicado la maldad, el amor de muchos se enfriará. Mas el que perseverare hasta el fin, éste será salvo. Y será predicado este evangelio del reino en todo el mundo, para testimonio a todas las naciones; y entonces vendrá el fin."

Lucas 21:25-28: "Habrá señales en el sol, en la luna y en las estrellas, y sobre la tierra, angustia entre las naciones, perplejas a causa del rugido del mar y de las olas, desfalleciendo los hombres por el temor y la expectación de las cosas que vendrán sobre el mundo; porque las potencias de los cielos serán sacudidas. Entonces verán al Hijo del Hombre que viene en una nube con poder y gran gloria. Cuando estas cosas empiecen a suceder, levántense y alcen la cabeza, porque se acerca su redención."

## Si somos o no la generación que lo veremos regresar, es algo que no sabemos

Los historiadores han comprobado que muchas de estas señales comenzaron a verse durante la época de la Iglesia primitiva, anterior a la destrucción del templo en el año 70 D.C. Incluso, de la manera en que los apóstoles escribieron, parece dar evidencia que ellos estaban convencidos que verían el retorno del Señor en su época. Veamos varias expresiones apostólicas:

Romanos 13:11: "Y esto, conociendo el tiempo, que ya es hora de despertarnos del sueño; porque ahora está más cerca nuestra salvación que cuando creímos."

1 Corintios 15:51-52: "He aquí, os digo un misterio: No todos dormiremos, pero todos seremos transformados. En un momento, en un abrir y cerrar de ojos, a la final trompeta; porque se tocará la trompeta, y los muertos serán resucitados incorruptibles, y nosotros seremos transformados."

1 Tesalonicenses 4:15-17: "Por lo cual, os decimos esto por palabra del Señor; que nosotros que vivimos, que habremos quedado hasta la venida del Señor, no precederemos a los que durmieron. Porque el Señor mismo con aclamación, con voz de arcángel, y con trompeta de Dios, descenderá del cielo; y los muertos en Cristo resucitarán primero. Luego nosotros los que vivimos, los que hayamos quedado, juntamente con ellos seremos arrebatados en las nubes para recibir al Señor en el aire, y así estaremos siempre con el Señor."

Hebreos 10:37-39: "Porque aún un poco de tiempo, y el que ha de venir vendrá, y no tardará. Mas el justo vivirá por fe; y si retrocediere, no agradará a mi alma. Pero nosotros no somos de los que retroceden para perdición, sino de los que creen para salvación del alma."

1 Pedro 4:7: "Mas el fin de todas las cosas se acerca; sed, pues, sobrios, y velad en oración."

1 Juan 2:18: "Hijitos, es la última hora, y así como oyeron que el anticristo viene, también ahora han surgido muchos anticristos. Por eso sabemos que es la última hora."

Al leer estos versos, nos damos de cuenta que no solo el Apóstol Pablo creía que el tiempo del regreso de Jesús estaba cerca, sino también otros Apóstoles como Pedro y Juan, y también el escritor de la carta a los Hebreos. ¡Su convicción era algo digno de admirar, pero a la misma vez tenemos que ser honestos y reconocer que se equivocaron!

Generaciones subsiguientes a esa, a lo largo de la historia de la iglesia cristiana han tenido razón para pensar que ellos eran los que habían de ver Su retorno, debido a los acontecimientos que estaban viendo. Pero ellos también estuvieron equivocados. La generación de la segunda guerra mundial tuvo bastante razón para pensar que ellos eran la generación de ver a Jesús regresar. Imagínese, una guerra global entre las naciones, una figura como Adolfo Hitler con un espíritu de anticristo, queriendo exterminar a judíos y dominar el mundo, la restauración posterior de Israel como nación, etc. Esa generación tuvo bastante razón en pensar que ellos eran la última, pero así no fue.

Es necesario que seamos humildes. Por más escatología que conozcamos y buenos interpretes que seamos, nos podemos equivocar. Debemos estar listos para recibir al Señor si El viniere en nuestro tiempo, pero también debemos asumir la postura de los apóstoles al realizar que ellos partirían primero al descanso en el Señor, esforzándonos a preparar la próxima generación mediante mentoría, entrenamiento, y paternidad espiritual. Las últimas cartas de Pablo y Pedro lo dicen todo:

> **2 Timoteo 2:1-2: "Tú, pues, hijo mío, esfuérzate en la gracia que es en Cristo Jesús. Y lo que has oído de mí ante muchos testigos, esto encarga a hombres fieles que sean idóneos para enseñar también a otros."**

> **2 Timoteo 4:5-6: "Pero tú vela en todo, soporta las aflicciones, haz la obra de evangelista, cumple tu**

ministerio. Porque yo ya estoy para ser sacrificado, y el tiempo de mi partida está cercano."

**2 Pedro 1:12-15:** "Por tanto, siempre estaré listo para recordarles estas cosas, aunque ustedes ya las saben y han sido confirmados en la verdad que está presente en ustedes. También consideró justo, mientras esté en este cuerpo, estimularlos recordándoles estas cosas, sabiendo que mi separación del cuerpo terrenal es inminente, tal como me lo ha declarado nuestro Señor Jesucristo. Además, yo procuraré con diligencia, que, en todo tiempo, después de mi partida, ustedes puedan recordar estas cosas."

## ¿Cuál es su opinión sobre el tiempo actual, hermano Joel?

Mi opinión es que al leer las señales narradas por Jesús en **Mateo 24** pudiéramos concluir que estamos viviendo en principios de dolores, especialmente en este año 2020 donde hemos visto un virus paralizar al mundo entero y reclamar millones de vidas. Los terremotos recientes, y la tensión internacional y social, especialmente aquí en Estados Unidos, son señales de la necesidad de la intervención de Jesús en la raza humana. Por 2,000 años el evangelio ha sido predicado. Millones de millones de vidas han sido transformadas, impactadas, y salvadas por el mensaje de Jesús. Glorificamos a Dios por eso.

Sin embargo, hoy el mundo está peor que nunca. Los gobiernos se amenazan unos a otros con ataques nucleares o químicos. La economía mundial se pone más frágil todos los días, y los valores morales que la sociedad una vez consideró esencial para su formación, desarrollo, y sostenimiento ahora son causa de burla, odio, y resentimiento, tanto adentro como afuera de la Iglesia. Es por eso que Jesús tiene que regresar, porque la humanidad es incapaz de gobernarse a sí misma con justicia perfecta, mucho menos bajo los estatutos de la Biblia. Es impactante como Zacarias y Apocalipsis describen como el Señor gobernará al mundo, porque no será con diplomacia:

> **Zacarias 14:17: "Y sucederá que los de las familias de la tierra que no suban a Jerusalén para adorar al Rey, SEÑOR de los ejércitos, no recibirán lluvia sobre ellos."**

> **Apocalipsis 19:15: "De Su boca sale una espada afilada para herir con ella a las naciones y las regirá con vara de hierro. Él mismo pisa el lagar del vino del furor de la ira de Dios Todopoderoso."**

La misma Iglesia que alega representar a Jesús, a veces ha quedado muy corto de las expectativas divinas y también humanas. Hoy en día, es increíble ver a gente con etiquetas de creyentes apostatando de la fe de una manera abierta y sin ningún remordimiento, empezando por los que ministran. Es por eso que creo que vamos rumbo al fin, por la actitud de los seres humanos de la actualidad. Hambres, pestilencias, terremotos, y falsos profetas ha habido en muchas ocasiones a través de la historia, pero Jesús hablo de la actitud de la gente previo a Su venida. El hablo de hostilidad, odio, traición, persecución, engaño, y en nuestra época estamos viendo esto manifestarse y crecer a una velocidad rápida. Observe las características de la última generación según Pablo:

> **2 Timoteo 3:1-5: "Pero debes saber esto: que en los últimos días vendrán tiempos difíciles. Porque los hombres serán amadores de sí mismos, avaros, jactanciosos, soberbios, blasfemos, desobedientes a los padres, ingratos, irreverentes, sin amor, implacables, calumniadores, desenfrenados, salvajes, aborrecedores**

de lo bueno, traidores, impetuosos, envanecidos, amadores de los placeres en vez de amadores de Dios; teniendo apariencia de piedad, pero habiendo negado su poder. A los tales evita."

Cualquier parecido con la generación actual no es pura coincidencia. Yo estoy convencido que vamos rumbo al fin. Si somos o no somos la última generación, solo Dios sabe. Pero la condición espiritual y moral de nuestra sociedad demanda no solamente una reacción de la Iglesia mediante evangelización, sino también que nosotros podamos exclamar:

**Apocalipsis 22:17: "El Espíritu y la esposa dicen: Ven. Y el que oye, diga: Ven. Y el que tiene sed, venga; y el que desee, que tome gratuitamente del agua de la vida."**

**Apocalipsis 22:20: "El que testifica de estas cosas dice: Sí, vengo pronto. Amén. Ven, Señor Jesús."**

Antes de cerrar esta sección, quiero unirme al coro de voces que le están advirtiendo a la Iglesia cristiana estadounidense sobre la persecución venidera, porque es parte de las señales del fin. La Iglesia ha experimentado libertad de expresión y culto a través de toda la historia de este país, pero la sociedad se está volviendo cada vez más hostil contra la Iglesia y sus principios, y es posible que eventualmente ni el gobierno defenderá la Iglesia y sus libertades. Si generaciones previas de creyentes, incluyendo la iglesia primitiva, fueron perseguidos, y si nuestros hermanos y hermanas en otros países han sido y siguen siendo perseguidos, hasta sufrir martirio, ¿quiénes somos nosotros para pensar que no nos puede ocurrir a nosotros o que no nos va a ocurrir?

La ira de Dios no es para la Iglesia, por eso creo que seremos levantados previo a los juicios de Dios descender, pero eso no significa que no tendremos que sufrir por la causa de Jesús. Preparémonos en oración, devoción, y entrega. Necesitamos más palabra y menos entretenimiento. A la próxima generación hay que prepararla y entrenarla, porque enfrentaran más dificultades si Dios no tiene misericordia. Pero, sobre todo, entendamos que el sufrimiento por el Señor no solo nos permitirá identificarnos con Su muerte, sino también nos garantizará participación en el futuro reino que será manifestado.

**2 Timoteo 2:11-13: "Palabra fiel es ésta: Que, si somos muertos con Él, también viviremos con Él: Si sufrimos, también reinaremos con Él; si lo negáremos, Él también nos negará: Si fuéremos infieles, Él permanece fiel; Él no puede negarse a sí mismo."**

## El Cuadro Final

Como expresamos anteriormente en este capítulo, nuestro objetivo no es desglosar todos los temas escatológicos en el contexto profético, como: la gran tribulación, el milenio, etc. Nuestro objetivo es enfatizar que el Jesús que vino primero a sufrir vendrá otra vez para reinar. Vino la primera vez como siervo, pero vuelve como Rey. Vino la primera vez como cordero, pero vuelve como león. Vino la primera vez a establecer una Iglesia, y vuelve otra vez a reunir esa Iglesia consigo mismo. Ya usted ve el cuadro.

Adicionalmente, queremos presentar el cuadro final histórico y también lo que veremos en la eternidad. Al final de Apocalipsis capítulo 20, vemos el juicio del gran trono blanco. En ese juicio se abrirán los libros de las obras para juzgar a los muertos que fueron resucitados después de la guerra de Gog y Magog. Estos muertos que resucitan son distintos a los que participan de la primera resurrección, que incluye a todos los fieles en Cristo de todas las épocas. Los muertos que son resucitados después de la guerra de Gog y Magog parecen ser todos los muertos de todas las épocas que no fueron hallados dignos de entrar al descanso de los justos, y serán juzgados conforme a las obras que hicieron en vida. Y aquellos cuyos nombres no fueron hallados en el libro de la vida, fueron condenados y lanzados al lago de fuego, lo que conocemos como el infierno.

Juan describe que vio grandes y pequeños delante de Dios. Esto no se refiere a estatura física, sino a estatus social. Fuesen famosos o desconocidos, ricos o pobres, religiosos o ateos, gobernantes o súbditos, el vio todo tipo de gente en ese juicio. Juan describe que estaban de pie delante de Dios. Pero hay un detalle que hallamos en la teología de Pablo, y es que Dios juzgara a vivos y muertos mediante Su Hijo Jesús:

**Hechos 17:30-31: "Pero Dios, habiendo pasado por alto los tiempos de esta ignorancia, ahora demanda a todos los hombres en todo lugar, que se arrepientan; por cuanto ha establecido un día en el cual juzgará al mundo con justicia, por aquel varón a quien Él designó; dando fe a todos con haberle resucitado de los muertos."**

**Romanos 2:14-16: "Porque cuando los gentiles que no tienen ley hacen por naturaleza lo que es de la ley, éstos, no teniendo ley, son ley a sí mismos, mostrando ellos, la obra de la ley escrita en sus corazones, dando testimonio su conciencia y sus pensamientos, acusándose o aun excusándose unos a otros, en el día en que Dios juzgará por Jesucristo, los secretos de los hombres, conforme a mi evangelio."**

**2 Corintios 5:10: "Porque es menester que todos nosotros comparezcamos ante el tribunal de Cristo, para que cada uno reciba según lo que haya hecho mientras estaba en el cuerpo, ya sea bueno o sea malo."**

Jesús no es juez todavía. Actualmente es abogado. Usted y yo, y el mundo entero, debería tomar ventaja en la actualidad de este hecho, porque cuando Él sea promovido a juez no habrá más intercesión de Su parte por nadie. Miremos lo que escribe Juan en su primera carta:

**1 Juan 2:1: "Hijitos míos, estas cosas os escribo para que no pequéis; y si alguno hubiere pecado, abogado tenemos para con el Padre, a Jesucristo el justo."**

Tenemos a un abogado disponible para defender nuestra causa. El tiempo de gracia, misericordia, y oportunidad es ahora. Aprovechemos este presente tiempo de compasión divina, antes de que se haga tarde:

**Hebreos 4:16: "Acerquémonos, pues, confiadamente al trono de la gracia, para alcanzar misericordia y hallar gracia para el oportuno socorro."**

Pero también vemos un hermoso cuadro en el capítulo 21 de Apocalipsis cuando la Nueva Jerusalén desciende del cielo y todos los santos conviven con el Todopoderoso Dios y el Cordero para siempre:

**Apocalipsis 21:2-3, 22-23: "Y yo Juan vi la santa ciudad, la nueva Jerusalén, que descendía del cielo, de Dios, dispuesta como una novia ataviada para su marido. Y oí una gran voz del cielo que decía: He aquí el tabernáculo de Dios con los hombres, y Él morará con ellos; y ellos serán su pueblo, y Dios mismo estará con ellos, y será su Dios." "Y no vi templo en ella; porque el Señor Dios Todopoderoso y el Cordero son el templo de ella. Y la ciudad no tenía necesidad de sol ni de luna para que resplandezcan en ella; porque la gloria de Dios la iluminaba, y el Cordero es su luz."**

Al final de todo, cuando veamos el escenario eterno, veremos la transición del cual habló el Apóstol Pablo en 1 Corintios 15:

> **1 Corintios 15:24-28: "Luego vendrá el fin; cuando haya entregado el reino al Dios y Padre, cuando haya abatido todo dominio y toda autoridad y poder. Porque es menester que Él reine, hasta que haya puesto a todos sus enemigos debajo de sus pies. Y el postrer enemigo que será destruido es la muerte. Porque todas las cosas sujetaron debajo de sus pies. Pero cuando dice: Todas las cosas son sujetadas a Él, claramente se exceptúa a Aquél que sujetó a Él todas las cosas. Y cuando todas las cosas le estén sujetas, entonces también el Hijo mismo se sujetará a Aquél que sujetó a Él todas las cosas, para que Dios sea todo en todos."**

Cuando Jesús haya terminado Su reinado, y la consumación de todas las cosas haya sucedido, entonces El entregará el reino a Su Padre. Note la terminología de **Apocalipsis 22:3-5:**

> **"Y no habrá más maldición; y el trono de Dios y del Cordero estará en ella, y sus siervos le servirán; y verán su rostro, y su nombre estará en sus frentes. Y allí no habrá más noche; y no tienen necesidad de lámpara, ni de luz de sol, porque el Señor Dios los alumbrará; y reinarán por siempre jamás."**

Primero se habla del trono de Dios y del Cordero, después se habla en lenguaje singular, **"sus siervos le servirán."** Ya no estamos hablando de dos, sino de uno. El verso 5 dice que **"el Señor Dios los alumbrara."** Por lo que describe Pablo y Juan, podemos entender que Jesús regresara a Su lugar de origen, el Padre, **"para que Dios sea todo en todos."**

Así como en la eternidad *"pasada,"* previo a la creación, el Logos y el Espíritu salieron de Dios y participaron en la creación, al final de todo en la eternidad *"futura"*, el Hijo y el Espíritu regresaran a Su lugar de procedencia, el Padre de gloria, y así veremos, serviremos, y adoraremos a un solo Dios por toda la eternidad. Ese único y sabio Dios es el que tanto Pablo y Judas glorifican en sus epístolas, y es el que nosotros glorificaremos por la eternidad:

**1 Timoteo 1:17: "Por tanto, al Rey eterno, inmortal, invisible, al único sabio Dios, sea honor y gloria por siempre jamás. Amén."**

**Judas 1:25: "al único sabio Dios Salvador nuestro, sea gloria y majestad, dominio y potestad, ahora y siempre. Amén."**

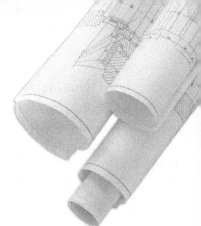

## Capítulo 9:
# Jesús y los Asuntos
# Sociales de Hoy

AÑOS ATRÁS, EN EL TIEMPO DE MI ADOLESCENCIA, (no soy tan viejo, pero si han pasado varios años), salió un famoso slogan en el mercado cristiano titulado, ¿"Que haría Jesús?" Plasmaron las primeras letras de las palabras en brazaletes, camisetas, vasos, calcomanías, etc. Bastante mercancía se ha vendido con esa perspectiva, que causaba reflexión en las personas sobre como Jesús actuaria en dadas circunstancias.

Cuando leo y veo las noticias, especialmente aquí en Estados Unidos, me hago la misma pregunta, Que haría Jesús? El problema es que la contestación a esa pregunta no es tan fácil como algunos creen.

El Jesús que se quiere presentar por muchos en este país y en otros países del mundo es uno conforme a la imaginación e intereses personales. La religión a veces manipula la persona de Jesús para acomodarlo a sus postulados históricos y eclesiásticos. La sociedad actual lo quiere acomodar a los valores sociales de la actualidad. Esto no es muy diferente a lo que leemos en los evangelios. Grupos políticos, religiosos, y culturales todos quisieron manipular a Jesús a sus antojos, pero no pudieron. ¿Por qué no pudieron? ¡Porque

Jesús tenía identidad! Él había salido del Padre con una asignación específica, de representar al Padre ante la humanidad y reconciliar esa humanidad con el Padre. Jesús no haría ni diría NADA contrario a lo que Su Padre haría o diría:

> **Juan 5:19: "Respondió entonces Jesús, y les dijo: De cierto, de cierto os digo: No puede el Hijo hacer nada de sí mismo, sino lo que ve hacer al Padre; porque todo lo que Él hace, eso también hace el Hijo igualmente."**

Dijimos en capítulos anteriores que lamentablemente se les da más énfasis a las acciones de Cristo que a las palabras de Cristo. De las acciones se pueden sacar conclusiones, especialmente si se enfoca en acciones particulares que parecen convenientes a nuestras convicciones y perspectivas. Caso en punto es cuando Jesús perdona a la mujer adúltera en **Juan 8**. Un gran porcentaje de personas dan énfasis al hecho de que Jesús no la apedreó, siendo ella adultera, ni tampoco se lo permitió a la turba religiosa que vino a condenarla. Incluso, Jesús mismo le dice a ella que Él no la condenaría tampoco. Sin embargo, añadió una frase que parece que a muchos de la actualidad convenientemente ignoran o intentan borrar: "**Vete y no peques más.**"

¿Ves? ¡Nosotros no podemos manipular a Jesús! ¡Él es el Señor! Las palabras de Jesús todavía tienen peso para la Iglesia y la humanidad de la actualidad, y son las palabras del Padre dadas a Él para impartirlas a nosotros. Quien rechace las palabras de Jesús está rechazando las palabras de Dios:

> **Marcos 8:38: "Porque el que se avergonzare de mí y de mis palabras en esta generación perversa y adúltera, el Hijo del Hombre se avergonzará también de él, cuando venga en la gloria de su Padre con los santos ángeles."**

**Juan 8:47:** "El que es de Dios, las palabras de Dios oye; por eso no las oís vosotros, porque no sois de Dios."

**Juan 14:10, 24:** "¿No crees que yo soy en el Padre, y el Padre en mí? Las palabras que yo os hablo, no las hablo de mí mismo; sino que el Padre que mora en mí, Él hace las obras." "El que no me ama, no guarda mis palabras; y la palabra que habéis oído no es mía, sino del Padre que me envió."

Al estudiar las palabras de Jesús, encontraremos que no solo revelan la voluntad del Padre, también revelan el corazón de Jesús, un corazón perfectamente alineada a la del Padre. El mismo Jesús dijo en **Lucas 6:45:** "...porque de la abundancia del corazón habla la boca."** Nosotros necesitamos una revelación de Jesús que no sea únicamente la enseñanza tradicional de la Iglesia, o de la familia, o la de la cultura. Estas, por buenas que sean, si no tenemos la revelación del Espíritu Santo, pueden convertirse en conocimiento informacional e intelectual. Podemos llegar a conocer el Jesús histórico mediante el estudio de la Biblia y libros históricos, pero solo el Espíritu Santo puede traernos la perfecta realización de quien es Jesús y como El opera. El Apóstol Pablo hizo una interesante declaración:

**2 Corintios 5:16:** "De manera que nosotros de aquí en adelante a nadie conocemos según la carne; y aun si a Cristo conocimos según la carne, ahora ya no le conocemos así."

Pablo da a entender que hay una dimensión mayor en el cual se llega a conocer a Jesús. Como rabino que era, conocía lo que las Escrituras decían acerca del Mesías. Conocía cada referencia al Mesías, cada profecía, y cada característica. Conocía también la ley oral y las tradiciones rabínicas y culturales. Todo eso, por tremendo que fuese, no era suficiente para conocer a Jesús. Como dijimos en capítulos anteriores, Pablo necesito que las escamas se les cayeran de los ojos en términos espirituales. Así pudo ver a Jesús de manera plena a través de las Escrituras que había conocido por tanto tiempo. El Apóstol Pedro, de igual manera, necesito revelación de lo alto para entender quién era Jesús:

> **Mateo 16:15-17: "Él les dice: ¿Y vosotros quién decís que soy yo? Y respondiendo Simón Pedro, dijo: Tú eres el Cristo, el Hijo del Dios viviente. Y respondiendo Jesús, le dijo: Bienaventurado eres Simón hijo de Jonás; porque no te lo reveló carne ni sangre, sino mi Padre que está en el cielo."**

Es importante, entonces, que nuestra perspectiva de Jesús sea la correcta, que sea la del Espíritu Santo, quien revela perfectamente a Jesús. Es la tarea de la Iglesia presentar a Jesús al mundo, y como lo hacemos tendrá mucho que ver con la perspectiva que el mundo tendrá de Él. Por eso creo que es importante que analicemos como Jesús reaccionaria antes los asuntos sociales más pertinentes de nuestro tiempo, a la luz de lo que El mismo dijo en las Escrituras.

## El Racismo

Mientras estamos casi finalizando este libro, el racismo es un tópico ultra caliente en nuestra sociedad. No voy a entrar en detalles de la historicidad del racismo en este país y en otros. Lo que si deseo es exponer como Jesús opinaría. Comencemos citando quizás el verso más famoso de toda la Biblia:

> **Juan 3:16: "Porque de tal manera amó Dios al mundo, que ha dado a su Hijo unigénito, para que todo aquel que en Él cree, no se pierda, más tenga vida eterna."**

Al Jesús decirle estas palabras a Nicodemo, le estaba dejando saber la universalidad del plan redentor de Dios. Cuando hago mención la palabra universalidad, no estoy afirmando que toda la humanidad será salvo, sino que Dios amo a toda la humanidad de tal manera que proveyó una vía de escape para toda persona que crea en Jesús. Todo es todo, por lo tanto, podemos afirmar que nuestro Dios no es racista, proveyó salvación para todo aquel que cree. Observemos como Jesús trató con gente diferente a la raza judía durante Su ministerio:

**1) La Mujer Samaritana, Juan 4:7-9: "Y vino una mujer de Samaria a sacar agua; y Jesús le dijo: Dame de beber (Pues los discípulos habían ido a la ciudad a comprar de comer). Entonces la mujer samaritana le dijo: ¿Cómo es que tú, siendo judío, me pides a mí de beber, que soy mujer samaritana? Porque los judíos no tienen tratos con los samaritanos."**

El hecho de que Jesús estuvo dispuesto a interaccionar con la mujer samaritana lo dice todo. Jesús sabia la mala relación que había entre judíos y samaritanos, pero la asignación del Padre y la necesidad de las almas era mayor que cualquier prejuicio. Esta vida que El impactó fue la semilla sembrada para un avivamiento en Samaria en **Hechos 8**, siendo la mujer la primera evangelista de aquella región. Por si fuera poco, Jesús más luego ilustra el amor hacia el prójimo que el Padre deseaba en la parábola del buen samaritano, donde el hombre herido en el camino, (se entiende que era judío), fue auxiliado por un samaritano. ¡Que golpe para aquellos judíos que eran racistas, considerando a todo no judío como inferior!

**2) El Centurión Romano, Lucas 7:6-10: "Entonces Jesús fue con ellos. Y cuando ya no estaban lejos de su casa, el centurión le envió unos amigos, diciéndole: Señor, no te molestes, pues no soy digno de que entres bajo mi techo; por lo que ni siquiera me**

tuve por digno de venir a ti; más di la palabra, y mi siervo será sano. Porque también yo soy hombre puesto bajo autoridad, y tengo soldados bajo mi cargo; y digo a éste: Ve, y va; y al otro: Ven, y viene; y a mi siervo: Haz esto, y lo hace. Al oír esto, Jesús se maravilló de él, y volviéndose, dijo a la gente que le seguía: Os digo que ni aun en Israel he hallado tanta fe. Y volviendo a casa los que habían sido enviados, hallaron sano al siervo que había estado enfermo."

Jesús testifica que la mayor demostración de fe que había visto ni siquiera lo vio en su propia cultura, lo vio en un centurión romano. Los judíos, siempre amparándose en la auto suficiencia, le habían argumentado a Jesús que el centurión era digno de que Jesús le sanara su siervo, porque les había construido una sinagoga. Sin embargo, el centurión le envía una embajada de amigos a Jesús, quienes les refieren el mensaje a Jesús de que el centurión no se sentía digno de recibirlo en su casa.

¡Cuán poderosa es la gracia del Señor! Nos hace ver que no somos dignos, aun cuando nuestras obras parezcan indicar que si lo somos. La fe y la gracia operan juntos, porque solo se puede recibir la gracia mediante la fe. La fe de este centurión resulto en un milagro del cual él no era digno. Jesús estuvo dispuesto a hacerle un favor por gracia a un centurión romano, esto es un retrato de lo que ocurriría en el calvario cuando otro centurión dice, "**Verdaderamente este era el Hijo de Dios.**" También era un cuadro de la gracia extendida a los gentiles, quienes no lo merecían. ¡Hay espacio para todos a los pies de Jesús!

**3) La Mujer Cananea, Mateo 15:24-28: "Y Él respondiendo, dijo: No soy enviado sino a las ovejas perdidas de la casa de Israel. Entonces ella vino y le adoró, diciendo: ¡Señor, socórreme! Mas Él respondió, y dijo: No está bien tomar el pan de los hijos, y echarlo a los perrillos. Y ella dijo: Sí, Señor, más los perrillos**

comen de las migajas que caen de la mesa de sus señores. Entonces respondiendo Jesús, le dijo: ¡Oh mujer, grande es tu fe! Sea hecho contigo como quieres. Y su hija fue sanada desde aquella hora."

Otro caso de una mujer gentil, a quien Jesús bendice con un milagro. ¡Esta mujer reconoce que no era del linaje de Israel, es más reconoce que era una perra! Así consideraban los judíos a los no judíos, pero Jesús vio en esta mujer una fe grande, una fe que al igual que el centurión, era una fe que no hallo en su gente. Jesús estuvo dispuesto a hacer otro milagro para una gentil, porque la fe no conoce raza, color, ni etnicidad!

Queda expuesto, mediante estos ejemplos, que Jesús no era racista. Su misión primordial fue a la casa de Israel, pero Su obra salvífica fue para toda la humanidad. Jesús condenaría el racismo, lo único es que la protesta de Jesús seria, *"Todas las vidas importan."* Nosotros la Iglesia, y también la sociedad, tenemos que responder al llamado del Señor a amar al prójimo como a nosotros mismos, de esto depende todo.

Quiero también aclarar, que el cristianismo no es la religión del hombre blanco, como algunos han supuesto. Jesús no era blanco, era judío. Lamentamos que históricamente la Iglesia cristiana, a veces dirigidos en su mayoría por gente de piel blanca, hayan fabricado un Jesús a su manera y parecer. Jesús vino a redimir a todas las razas, y para El todos son importantes y de igual valor. Su anhelo fue alcanzar a todos, y en la presencia del Señor en la eternidad habrá de todo color, raza, clase social, etc. ¡Hay espacio para todos!

Juan 12:32: "Y yo, si fuere levantado de la tierra, a todos atraeré a mí mismo."

Apocalipsis 7:9-10: "Después de estas cosas miré, y he aquí una gran multitud, la cual ninguno podía contar, de todas las naciones y tribus y pueblos y lenguas, que estaban delante del trono y en la presencia del Cordero, vestidos de ropas blancas y con palmas en sus manos; y aclamaban en alta voz, diciendo: Salvación a nuestro Dios que está sentado sobre el trono, y al Cordero."

## Jesús y la Misoginia

Lucas 8:1-3: "Y aconteció después, que caminaba Él por todas las ciudades y aldeas, predicando y anunciando el evangelio del reino de Dios, y los doce con Él, y algunas mujeres que habían sido sanadas de malos espíritus y de enfermedades: María, que se llamaba Magdalena, de la cual habían salido siete demonios, y Juana, esposa de Chuza, mayordomo de Herodes, y Susana, y otras muchas que le servían de sus bienes."

En un tiempo donde los hombres eran vistos como superiores a las mujeres, Jesús tenía varias mujeres auxiliándolo en Su ministerio. Para Jesús, las mujeres eran importantes. Recordemos que El nació de una mujer, y también en Su ministerio Él les ministró a mujeres rechazadas como las que mencionamos en nuestra exposición sobre el racismo. Pero no solo eso, sino que perdonó a una mujer adúltera en **Juan 8**, y también recibe adoración de Su amiga María en la casa de Lázaro su hermano, al igual que de una mujer promiscua en **Lucas 7**.

Las mujeres mencionadas en este capítulo 8 estuvieron en frente de la cruz durante Sus últimos momentos, y también fueron las primeras en visitar el sepulcro el día que resucito. ¡La primera persona en verlo vivo fue María Magdalena, una mujer! Así que, no hay base bíblica para suponer que Jesús trataría a la mujer como inferior al varón, Su trato con ellas, al igual del uso de figuras femeninas en las parábolas, comprueban que Jesús consideraba a la mujer como importante, tan importante como el varón. Jesús definitivamente no era un misoginista.

## Jesús y el aborto

¿Qué diría Jesús del aborto? Tal practica no existía en los tiempos de Jesús, pero si en el Antiguo Testamento encontramos a Dios el Padre condenando el sacrificio de niños al dios Moloc. Una de las expresiones más famosas de Jesús pareciera indicar que El no estaría de acuerdo con el aborto:

> **Lucas 18:16: "Pero Jesús, llamándolos, dijo: Dejad los niños venir a mí, y no se lo impidáis; porque de los tales es el reino de Dios."**

Además, El expresó unas palabras concernientes al embarazo de la mujer:

> **Juan 16:21: "La mujer cuando da a luz, tiene dolor, porque ha venido su hora; pero después que ha dado a luz un niño, ya no se acuerda de la angustia, por el gozo de que haya nacido un hombre en el mundo."**

"**¿Por el gozo de que haya nacido un hombre en el mundo,**" suena eso como una aprobación al aborto? Creo que no. Claro está, Jesús abrazaría y recibiría a las que han abortado, (no hablo de abortos naturales, sino de aquellas hechas a propósito para no tener hijos), porque Él dijo, "**el que a mi viene yo no le echo fuera.**" El las perdonaría, pero no aprobaría su conducta. Nosotros tenemos que aprender que Dios ama a la humanidad, pero no necesariamente ama ni aprueba lo que nosotros hacemos. Reiteramos que **Juan 3:16** nos deja saber que Dios nos ama tanto que envió a Su Hijo para que no nos perdamos, sino que tengamos vida eterna por la fe en El.

## Jesús y la Comunidad LGBTQ

Juntamente con el racismo, el tema de la sexualidad es otra que es de gran mención en nuestra sociedad. He leído expresiones de ministros de denominaciones protestantes y católicos insinuar que Jesús no rechazaría a la comunidad homosexual, sino que los recibiría. Si estamos hablando en términos de arrepentimiento y conversión, seguro que sí que los recibe. El recibe a todos los que vienen arrepentidos a Él. Pero respetuosamente tengo que decir que no estoy convencido de que Jesús aceptaría la práctica de la homosexualidad como algo normal y aceptable.

> **Mateo 19:4-6: "Él respondiendo, les dijo: ¿No habéis leído que el que los hizo al principio, varón y hembra los hizo? Y dijo: Por esto dejará el hombre a su padre y a su madre, y se unirá a su esposa, y los dos serán una sola carne. Así que no son ya más dos, sino una sola carne. Por tanto, lo que Dios unió, no lo separe el hombre."**

¿Quién conoce a Dios el Padre mejor que Su Hijo Jesús? ¿Cree usted que si el Padre declara que una conducta es abominable a Él, Su Hijo diferiría? Jesús estaba consciente de la ley que Su Padre había dado a la nación de Israel. Y en estos versos que hemos citado Su postura sobre el matrimonio y la sexualidad está bastante claro. No hay espacio para otra definición, por lo menos en la mente de Jesús. Esa misma mente de Jesús ha sido trasladada a la Iglesia por el Espíritu Santo según **1 Corintios 2:16**.

Si Jesús reconoció que el adulterio era pecado, entonces reconocería que otros pecados sexuales como la homosexualidad también eran digno de condenación. Pero, así como estuvo dispuesto a perdonar a la mujer adúltera, está dispuesto a perdonar a todo el que se acerque a Él, ¡no importando la conducta que haya practicado!

Dado la sensibilidad de este tema, quiero expresar mi convicción de que el amor de Dios es incondicional, Dios nos ama independientemente de cómo seamos. Pero ese amor lo llevo a ofrecer a Su propio Hijo para darnos salvación. Todos nacemos con una herencia pecaminosa desde Adán en adelante, y por lo tanto tendremos inclinaciones y desvíos con la cual tendremos que lidiar y luchar para poder agradar a Dios. Nosotros no tenemos suficiente fuerza o poder para romper con el pecado, por eso Dios envió al segundo Adán para resolver lo que el primer Adán daño.

**Romanos 5:17-21: "Porque si por un pecado reinó la muerte, por uno; mucho más los que reciben la gracia abundante y el don de la justicia reinarán en vida por uno, Jesucristo. Así que, como por el pecado de uno vino la condenación a todos los hombres, así también, por la justicia de uno, vino la gracia a todos los hombres para justificación de vida. Porque como por la desobediencia de un hombre muchos fueron constituidos pecadores, así también por la obediencia de uno, muchos serán constituidos justos. Y la ley entró para que el pecado abundase; pero cuando el pecado abundó, sobreabundó la gracia; para que, así como el pecado reinó para muerte, así también la gracia reine por la justicia para vida eterna, por Jesucristo, nuestro Señor."**

Jesús es la solución para el problema del pecado. La iglesia a veces ha trivializado el pecado de la homosexualidad como si fuese lo peor o lo único que desagrada a Dios. Eso es un error.

**Romanos 3:23: "por cuanto todos pecaron, y están destituidos de la gloria de Dios;"**

Por lo tanto, no importa el pecado que se practique, todos estamos destituidos de la gloria de Dios, hasta que venimos a Jesús, y El quebranta el yugo de opresión de sobre nosotros y nos hace libre. Amo a la comunidad LGBTQ, pero no puedo creer, bíblicamente, que Jesús aprobaría su conducta. Los amonestaría a arrepentirse de su conducta como cualquier otro pecado.

## Jesús y la política

¿Aprobaría Jesús que Su Iglesia abiertamente fuese fanático de algún partido político? Entre los apóstoles estaba Simón el Zelote, un activista político que anterior al ministerio recurría a la violencia, si fuere necesario, para probar que no era necesario pagar tributo a los romanos porque el único rey para Israel era Dios. El llamado al apostolado fue mayor que su celo nacional.

No creo que Jesús fuese Republicano o Demócrata. El mismo que rechazaría la inmoralidad sexual, el aborto, y abogaría por la libertad de adoración, también rechazaría el abuso de los pobres y menesterosos, el racismo, y la hipocresía religiosa. Así que Jesús no cabe dentro de la caja política de la actualidad en los Estados Unidos. Me lamento que hay creyentes, y aun ministros, que están tan ciegos que se dejan dividir por el partidismo, ¡dividiendo el cuerpo de Cristo en elefantes y asnos, cuando nosotros somos ovejas! Miremos como Jesús responde a la pregunta del tributo:

**Mateo 22:19-22: "Mostradme la moneda del tributo. Y ellos le presentaron un denario. Entonces les dijo: ¿De quién es esta imagen, y la inscripción? Le dijeron: De César. Entonces Él les dijo: Dad, pues, a César lo que es de César, y a Dios lo que es de Dios. Y oyendo esto, se maravillaron, y dejándole, se fueron."**

La forma en que Jesús se dirige a líderes políticos de su tiempo demuestra que no se vendía con nadie:

**Lucas 13:31-32: "Aquel mismo día vinieron unos fariseos, diciéndole: Sal, y vete de aquí, porque Herodes te quiere matar. Y Él les dijo: Id, y decid a aquella zorra: He aquí, echo fuera demonios y hago sanidades hoy y mañana, y al tercer día seré consumado."**

**Juan 19:10-11: "Entonces le dijo Pilato: ¿A mí no me hablas? ¿No sabes que tengo potestad para crucificarte, y que tengo potestad para soltarte? Respondió Jesús: Ninguna potestad tendrías contra mí, si no te fuese dada de arriba; por tanto, el que a ti me ha entregado, mayor pecado tiene."**

Jesús no suena como un activista político, suena como uno que se dedicó a evangelizar y alcanzar al perdido. Creo que la Iglesia debe de tener cuidado en acudir al gobierno para que haga y legisle cosas que nos corresponden a nosotros hacerlas. Nuestra forma de protestar la maldad de la sociedad es el evangelismo a través del cual le decimos al mundo:

**2 Corintios 5:20: "Así que, somos embajadores de Cristo, como si Dios rogase por medio de nosotros; os rogamos en nombre de Cristo: Reconciliaos con Dios."**

¡Esto no significa que dejemos de votar o ejercer nuestros derechos como ciudadanos, pero el Reino de Dios es primero y sobre todo! Si usted es un fanático y activista político siendo cristiano, le proveo estas palabras de Jesús con la esperanza que sea un antídoto a la fiebre que tienes:

**Juan 18:36: "Respondió Jesús: Mi reino no es de este mundo; si mi reino fuera de este mundo, mis servidores pelearían para que yo no fuera entregado a los judíos; pero ahora mi reino no es de aquí."**

## Jesús y la Pobreza

Para Jesús los pobres son importantes. Durante Su ministerio él les predicaba a los pobres, brindándoles esperanza:

> **Mateo 11:5: "Los ciegos ven y los cojos andan, los leprosos son limpiados y los sordos oyen, los muertos son resucitados y a los pobres es predicado el evangelio."**

> **Lucas 4:18: "El Espíritu del Señor está sobre mí: Por cuanto me ha ungido para dar buenas nuevas a los pobres: Me ha enviado para sanar a los quebrantados de corazón: Para predicar libertad a los cautivos: Y a los ciegos vista: Para poner en libertad a los quebrantados:"**

No solo les predicó para brindarles esperanza, también le hizo un reto a un joven rico a alcanzar la perfección mediante las dadivas a los pobres:

> **Mateo 19:21: "Jesús le dijo: Si quieres ser perfecto, ve, vende lo que tienes, y da a los pobres, y tendrás tesoro en el cielo, y ven y sígueme."**

Jesús exhorto a los pudientes que invitaran a pobres a sus banquetes:

> **Lucas 14:13-14: "Mas cuando hagas banquete, llama a los pobres, los mancos, los cojos, y a los ciegos; y serás bienaventurado; porque ellos no te pueden recompensar; pues tú serás recompensado en la resurrección de los justos."**

De cierto Jesús enfatizaría en la ayuda a los pobres y menos afortunados, porque es algo que Su Padre ordeno en Su ley, que no se cerrara el corazón al pobre y menesteroso. Por lo tanto, el Señor se preocupa por los pobres y les provee, usando a Sus hijos para hacerlo. He oído algunos maestros enseñar que la pobreza es una maldición. No negamos que el pecado ha causado efectos negativos en todos los aspectos de vida del ser humano, incluyendo las finanzas. Pero nuestro deber es ayudar al necesitado, proveyendo materialmente para sus necesidades, ayudando a conseguir trabajo, etc. Los que estamos más bendecidos debemos de ayudar a los menos bendecidos. Este es el corazón de Cristo.

## Conclusión

Hay tantos temas que se pudieran tocar, estas solo rascan la superficie, aunque son entre los temas más tocados. Hemos intentado traer la perspectiva de Jesús en estos temas de acuerdo con Sus expresiones en las Escrituras, y aplicándolas a la actualidad. Definitivamente no es fácil tomar palabras de hacen 2,000 años y aplicarlas al pensamiento moderno, pero con la ayuda de Dios podemos. Parte de lo que me motiva a escribir concerniente a estos tópicos modernos es que veo una distorsión o cuadro incompleto de Jesús en los ojos de mucha gente. Hay gente que solo pueden ver al Jesús que volcó las mesas en el Templo, sacando los mercaderes a latigazos, pero no pueden ver a un Jesús que sobre la cruz le pide al Padre que perdonara a los burladores que estaban de frente, porque no sabían lo que hacían.

Otros solo pueden ver a un Jesús lleno de amor y tolerancia, recibiendo a todos, pero nunca demandando arrepentimiento y justicia. Un Jesús que reparte dulces y regalos, pero nunca denuncia el pecado y la maldad. Los Evangelios nos dan el cuadro completo de Jesús, y el Espíritu Santo nos da el carácter de Jesús. El verdadero Jesús incomoda a los gobiernos, a los ricos, a los religiosos, y a los que viven vidas pecaminosas de todo tipo y clase. ¡Para eso el Padre lo envió, para recordarnos que hay un estandarte de vida más alto que se espera de nosotros!

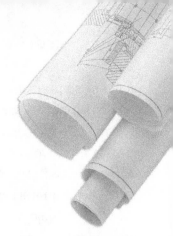

*Capítulo 10:*
# REINICIO

## Jesús es el Fundamento

EL FUNDAMENTO DE LA IGLESIA ES JESÚS. ESE fundamento fue puesto por Dios a través de los apóstoles y profetas según lo que expresan el Rey David, el Profeta Isaías, Jesús mismo, y los Apóstoles Pablo y Pedro:

> **Salmos 118:22-23: "La piedra que desecharon los edificadores ha venido a ser cabeza del ángulo. De parte de Jehová es esto; es maravilloso a nuestros ojos."**

> **Isa 28:16: "Por tanto, el Señor Jehová dice así: He aquí que yo pongo en Sion por fundamento una piedra, piedra probada, angular, preciosa, fundamento firme; el que creyere, no se apresurará."**

> **Lucas 20:16-19: "Vendrá, y destruirá a estos labradores, y dará su viña a otros. Y cuando ellos oyeron esto, dijeron: ¡Dios nos libre! Y Él mirándolos, dijo: ¿Qué, pues, es lo que está escrito: La piedra que desecharon los edificadores, ésta vino a ser cabeza del ángulo? Cualquiera que cayere sobre aquella piedra, será quebrantado; pero sobre el que**

ella cayere, le desmenuzará. Y procuraban los príncipes de los sacerdotes y los escribas echarle mano en aquella hora, porque entendieron que contra ellos había dicho esta parábola; pero temieron al pueblo."

Hechos 4:11: "Este Jesús es la piedra reprobada de vosotros los edificadores, la cual ha venido a ser cabeza del ángulo."

Romanos 9:32-33: "¿Por qué? Porque no la procuraron por fe, sino como por las obras de la ley, por lo cual tropezaron en la piedra de tropiezo, como está escrito: He aquí pongo en Sion piedra de tropiezo, y roca de caída: Y todo aquel que en Él creyere, no será avergonzado."

Efesios 2:20-22: "edificados sobre el fundamento de los apóstoles y profetas, siendo la principal piedra del ángulo Jesucristo mismo, en quien todo el edificio, bien coordinado, va creciendo para ser un templo santo en el Señor; en quien también vosotros sois juntamente edificados, para morada de Dios en el Espíritu."

1 Pedro 2:6-8: "Por lo cual también contiene la Escritura: He aquí, pongo en Sion la principal piedra del ángulo, escogida, preciosa; Y el que creyere en Él, no será avergonzado. Para vosotros, pues, los que creéis; Él es precioso; más para los desobedientes, la piedra que los edificadores desecharon; ésta fue hecha la cabeza del ángulo; Y: Piedra de tropiezo, y roca de escándalo a los que tropiezan en la palabra, siendo desobedientes; para lo cual fueron también ordenados."

Te proveo todos estos versos para dejar bien establecido, por la boca de por lo menos tres testigos aparte de Jesús, de que Él es el fundamento que Dios ha puesto para la Iglesia. Enfatizo esto porque hay muchos creyentes que están fundamentados sobre el estilo eclesiástico de su denominación o iglesia. Muchos están fundamentados sobre el estilo de un ministerio en particular. Otros estan fundamentados sobre doctrinas particulares, en ocasiones doctrinas de importancia secundaria en comparación a lo esencial. Pero Jesús debiera siempre ser el objetivo y fundamento. Sus enseñanzas, Su obra redentora y salvífica, y Su poder debieran ser el fundamento sólido para toda congregación, ministerio, y creyente. De no ser así, con el tiempo las circunstancias expondrán la negligencia y el error de los edificadores:

> **Mateo 7:24: "Cualquiera, pues, que oye estas mis palabras, y las hace, le compararé a un hombre prudente, que edificó su casa sobre la roca. Y descendió lluvia, y vinieron ríos, y soplaron vientos, y golpearon contra aquella casa; y no cayó, porque estaba fundada sobre la roca. Y todo el que oye estas mis palabras y no las hace, será comparado al hombre insensato, que edificó su casa sobre la arena; y descendió lluvia, y vinieron ríos, y soplaron vientos, y dieron con ímpetu contra aquella casa; y cayó; y fue grande su ruina."**

## Cada cual mire como sobreedifica

Y hablando de edificación, si el fundamento ya está puesto, no hay necesidad de poner otro. A cada rato se levantan individuos que alegan tener "revelación," que pretenden ridiculizar y menospreciar la labor de generaciones eclesiásticas anteriores, que dejaron el mismo fundamento que los profetas y apóstoles dejaron, el cual es Jesús. Cuando uno estudia a profundidad sus posturas, vemos que lo que enseñan y predican no es nada nuevo, sino herejías antiguas recicladas, o en casos extremos, mezclas entre el evangelio y el misticismo de otras sectas y religiones.

Pero aun teniendo firme el fundamento que es Jesús, nos podemos equivocar en el contexto de construcción. Miremos la advertencia de Pablo a la Iglesia de Corinto:

> **1 Corintios 3:11-15: "Porque nadie puede poner otro fundamento que el que está puesto, el cual es Jesucristo. Y si alguno edificare sobre este fundamento oro, plata, piedras preciosas, madera, heno, hojarasca; la obra de cada uno se hará manifiesta; porque el día la declarará; porque por el fuego será revelada; y la obra de cada uno cuál sea, el fuego la probará. Si permaneciere la obra de alguno que sobreedificó, recibirá recompensa. Si la obra de alguno fuere quemada, sufrirá pérdida; si bien él mismo será salvo, aunque así como por fuego."**

Por lo que leemos en estos versos, cada edificador, (en este contexto se refiere a los ministros), tiene el derecho de edificar con el material de su preferencia. La pregunta que cada edificador debiera hacerse es si el material que está usando para edificar pasará el examen del tiempo. Recuerdo hacen años que mi esposa y yo seleccionamos un modelo de casa para que nos las construyeran. Unos años después notamos que en todo el vecindario vinieron trabajadores a arreglar las mismas áreas en todas las casas, la parte superior del garaje. Cuando indagamos el porqué de esas situaciones, nos explicaron que cuando la compañía construyó esas casas, el material que usaron fue defectuoso, y por lo tanto, aun nuestra casa también necesitó reparación.

Por eso hay que estar consciente de que material se usa para edificar. Con toda franqueza, y utilizo la analogía de las casas como punto de referencia, hay ministerios que cobran demasiado de caro por las casas espirituales que construyen, porque el material que usan para edificar es flojo, y por lo tanto ellos agarran gran ganancia y se van, pero quienes se quedan viviendo en la casa sufrirán daños a la larga. Jesús hizo referencia a tales ministerios:

> **Juan 10:12-13: "Mas el asalariado, y que no es el pastor, de quien no son propias las ovejas, ve venir al lobo y deja las ovejas y huye, y el lobo arrebata las ovejas y las dispersa. Así que el asalariado huye, porque es asalariado, y no tiene cuidado de las ovejas."**

Pablo habla de materiales como oro, plata, y piedras preciosas. No solo son materiales preciosos, sino fuertes, y duraderos. Si fuésemos a hablar del simbolismo y tipología de estos elementos, todos señalan a Jesús. Estos materiales fueron usados en la construcción del tabernáculo y sus muebles, y entre sus muchos significados pudiésemos señalar que el oro tipifica realeza y divinidad, y representa a Jesús como Rey Divino. La plata representa redención, y señala a Jesús como Redentor. Las piedras preciosas formaban parte del pectoral del sumo sacerdote, y representaban a las tribus de Israel, pero en el pectoral estaban todas unidas. Esto señala a Jesús como el Unificador del pueblo de Dios.

Entonces Jesús no solo debe ser el fundamento, sino que también debe ser la materia de edificación. ¡Él debe ser el objetivo en todo! ¡Esto no se trata de nosotros, esto se trata de El! El narcisismo y egocentrismo que hoy domina el ambiente ministerial no solo es peligroso, también comprueba que los materiales usados en la edificación son baratos y flojos. Pablo habla de materiales como madera, heno, y hojarasca, que son materiales útiles para construcción, pero con mayor probabilidad de no ser sostenible. Este tipo de construcción tipifica aquellos que edifican con estilos denominacionales o ministeriales que no representan a Cristo, o dogmas confundidos por doctrinas, etc. En resumen, todo lo que no sea Jesús, o lo que es una malinterpretación de la persona y obra de Jesús.

No puedo dejar de mencionar la fragmentación que ocurre cuando los edificadores se desconcentran de Jesús para concentrarse en subtopicos. Cuando leo, veo, y oigo a gente que enfatizan la santidad de Dios, pero no la misericordia de Dios, o el reino de Dios, pero no el Rey, o la prosperidad material pero no la espiritual, o la unción de Dios, pero dejan fuera el elemento didáctico que tiene, no solo veo desbalance, sino un potencial para un edificio que no durará mucho. Ministro que me lees, tienes el derecho a escoger cual material usas para edificar, pero recuerda que, si escoges mal, no solo el fuego destruirá lo que edificaste, sino que, aunque seas salvo, no tendrás evidencia de labor que presentar al Señor cuando te toque dar cuenta. No solo te escribe la voz de la observación, también te escribe la voz de la experiencia.

Por eso en muchos casos, es necesario derribar el edificio y comenzar de nuevo. Y creo que, en el caso de quizás muchos, la vergüenza o el temor al qué dirán les está impidiendo reconocer la necesidad de comenzar de nuevo. Pero de vez en cuando hace falta remodelar la casa. A veces hay que tumbar las paredes y los baños y las cocinas para hacerlos de nuevo. Recuerde también que los códigos de construcción son enmendados con frecuencia. Terminamos esta sección recordándote que el fundamento no cambia, pero a veces el edificio necesita remodelación, por lo tanto, los edificadores no pueden dejar todo igual, y a veces no conviene reconstruir de la misma manera, sino de manera diferente. El fundamento seguirá siendo el mismo, pero el edificio necesita renovarse.

**Hechos 15:16: "Después de esto volveré, y reedificaré el tabernáculo de David, que está caído; y repararé sus ruinas, y lo volveré a levantar:"**

**Gálatas 2:18: "Porque si las cosas que destruí, las mismas vuelvo a edificar, transgresor me hago."**

## Los Diseños Humanos no son suficientes

**Juan 1:12-13: "Mas a todos los que le recibieron, a los que creen en su nombre, les dio potestad de ser hechos hijos de Dios. Los cuales son engendrados, no de sangre, ni de voluntad de carne, ni de voluntad de varón, sino de Dios."**

Estas palabras escritas por Juan nos recuerdan que la manera de operar de Dios es espiritual en naturaleza y esencia, aunque produzca resultados físicos. Nosotros los creyentes no fuimos engendrados por voluntad humana, sino que nacimos de nuevo, del agua y del Espíritu. Por eso es que los diseños humanos, por buenos que sean, no son suficientes para producir en el ámbito espiritual. Hay métodos que parecen lógicos y racionales, pero no van de acorde con las directrices divinas. Dios es particular y especifico en como Él quiere las cosas. Observemos Sus palabras a Moisés:

**Hebreos 8:5: "los cuales sirven de ejemplo y sombra de las cosas celestiales, como fue advertido por Dios a Moisés cuando estaba por comenzar el tabernáculo: Mira, dice, haz todas las cosas conforme al modelo que te ha sido mostrado en el monte."**

¿Se acuerda cuando David quiso retornar el arca a Jerusalén? Prepararon un carro nuevo halado por bueyes para retornar el arca, y un hombre llamado Uza murió por tocar el arca, porque quiso protegerla por cuanto los bueyes tropezaron. David se entristeció por esto, pero reconoció que la forma prescrita para cargar el arca era a través del sacerdocio levítico. Así pudieron regresar el arca a su lugar, porque se sometieron a la prescripción divina. Volvemos y repetimos que los diseños humanos no sirven para la obra de Dios, Dios tiene sus maneras de operar y es conforme a ellas que debemos de operar nosotros.

**1 Crónicas 13:7, 9-10: "Y se llevaron el arca de Dios de la casa de Abinadab en un carro nuevo; y Uza y Ahío guiaban el carro. "Y cuando llegaron a la era de Quidón, Uza extendió su mano para sostener el arca, porque los bueyes tropezaban. Y el furor de Jehová se encendió contra Uza, y lo hirió, porque extendió su mano al arca; y murió allí delante de Dios."**

**1 Crónicas 15:2: "Entonces dijo David: El arca de Dios no debe ser llevada sino por los levitas; porque a ellos ha escogido Jehová para que lleven el arca de Dios y le sirvan perpetuamente."**

## La Carnalidad no logra nada

La carnalidad es un engaño, porque es un estado donde se conoce lo bueno, pero se hace lo malo. Es un estado intermedio, un estado de tibieza. Recuerde lo que Jesús le dijo a la Iglesia de Laodicea:

**Apocalipsis 3:15-16: "Yo conozco tus obras, que ni eres frío ni caliente. ¡Ojalá fueras frío o caliente! Así, puesto que eres tibio, y no frío ni caliente, te vomitaré de Mi boca."**

Pablo no pudo entrar en profundidades espirituales con la Iglesia de Corinto, porque ellos no estaban en el nivel necesario para poder recibir el depósito de la revelación que había en Pablo. Si usted compara la carta de Pablo a los Efesios, hay una diferencia enorme. En las dos cartas dirigidas a los corintios, se toma largo tiempo en corregir problemas que había, 29 capítulos dirigidos a corregir y resolver problemas, cuando en solo 6 capítulos en Efesios Pablo entra en las mayores profundidades de todas sus epístolas. La carnalidad complica las cosas, nos atrasa, nos paraliza, nos detiene, y nos lleva a la muerte espiritual, ¡cuidémonos!

**1 Corintios 2:13-15, 3:1:** "lo cual también hablamos, no con palabras que enseña la humana sabiduría, sino con las que enseña el Espíritu Santo, acomodando lo espiritual a lo espiritual. Pero el hombre natural no percibe las cosas que son del Espíritu de Dios, porque para él son locura; y no las puede entender, porque se han de discernir espiritualmente. Pero el que es espiritual juzga todas las cosas; más él no es juzgado por nadie." "De manera que yo, hermanos, no pude hablaros como a espirituales, sino como a carnales, como a niños en Cristo."

## La complicación del pecado

Cuando perdemos la visión espiritual, nos dejamos engañar por el adversario. El Espíritu Santo quiere llenarnos de los propósitos divinos para que demos a luz los planes de Dios. Pero cuando otras ambiciones y propósitos nos llenan, terminamos pariendo cosas que no fueron originados por Dios, y por lo tanto, tendremos que enfrentar las consecuencias. ¿Se acuerda de Abraham y el caso de Agar? Ismael fue lo que Abraham se buscó, Isaac fue lo que Dios le regalo. Hay cosas que las podemos conseguir con nuestra lógica y fuerza, pero no traerá gloria a Dios. A cambio, cuando creemos a la palabra que Dios ha dado y esperamos en El, será maravilloso lo que veremos realizado en nuestras vidas. Observe como Dios se expresa en Genesis:

**Genesis 22:2:** "Y dijo: Toma ahora tu hijo, tu único, Isaac, a quien amas, y vete a tierra de Moriah, y ofrécelo allí en holocausto sobre uno de los montes que yo te diré."

Si Abraham tenía dos hijos, Ismael y Isaac, ¿porque Dios solamente reconoce a uno? Ah, sencillo, Dios solo reconoce lo que El da, ¡no lo que nosotros nos buscamos! Cuando David estaba al punto de morir, su hijo Adonias se auto proclamó rey, hallando apoyo en el general Joab y el Sacerdote Abiatar entre otros. Pero Salomón era el escogido por Dios y fue quien terminó sentado sobre el trono de Israel. En la obra de Dios, no es lo que yo me busco, ¡es lo que Dios me otorgue!

A riesgo de sonar redundante, quisiera volver a preguntarte la pregunta del capítulo 3, ¿que estas cargando en tu vientre espiritual? ¿Fue el Espíritu Santo que te llenó como el caso de María? ¿O tienes otras cosas por dentro por tu relación con ambiciones de poder? Nuestros fracasos no son culpa de Dios, son resultados de nosotros estar desenfocados, y en ocasiones llenos de nosotros mismos, en vez de estar llenos de Dios. Repetimos los versos del capítulo 3:

> **Salmos 7:14: "He aquí, el impío ha gestado iniquidad; concibió maldad, y dio a luz engaño."**

> **Santiago 1:13-15: "Cuando uno es tentado, no diga que es tentado de parte de Dios; porque Dios no puede ser tentado con el mal, ni Él tienta a nadie; sino que cada uno es tentado cuando de su propia concupiscencia es atraído, y seducido. Y la concupiscencia, cuando ha concebido, da a luz el pecado; y el pecado, siendo consumado, engendra muerte."**

## El Mundo y su influencia

Una de las cosas que Jesús proclamó en Su oración intercesora del capítulo 17 de Juan fue que Sus seguidores no eran del mundo, aunque estaban en el mundo:

> **Juan 17:14-17: "Yo les he dado tu palabra; y el mundo los aborreció, porque no son del mundo, como tampoco yo soy del mundo. No ruego que los quites del mundo, sino que los guardes del mal. No son del mundo, como**

**tampoco yo soy del mundo. Santifícalos en tu verdad: Tu palabra es verdad."**

La oración de Jesús fue que el Padre santificara Su Iglesia por Su palabra y los guardara del mal, para que la Iglesia fuese pura en un mundo de corrupción. Todo lo que Jesús pidió es posible por la presencia del Espíritu Santo en nosotros. Dios es omnipotente, El todo lo puede, incluyendo preservarnos puros para El:

> **Judas 1:24-25: "Y a Aquél que es poderoso para guardaros sin caída, y presentaros sin mancha delante de su gloria con gran alegría, al único sabio Dios Salvador nuestro, sea gloria y majestad, dominio y potestad, ahora y siempre. Amén."**

De que Él puede, Él puede. Pero eso no anula nuestra responsabilidad como creyentes de mantenernos puros para El. Esto es un trabajo en dúo, una colaboración, donde a Dios le toca lo imposible y a nosotros nos toca lo posible. Para poder vencer las influencias del mundo corrupto necesitamos una mente renovada, y eso nos toca a nosotros:

> **Romanos 12:2: "Y no os conforméis a este mundo; más transformaos por la renovación de vuestra mente, para que comprobéis cuál sea la buena voluntad de Dios, agradable y perfecta."**

Entonces, no podemos adaptarnos al modo de pensar de la era en que vivimos. Y para conocer la voluntad de Dios para nosotros necesitamos una metamorfosis intelectual, (la palabra griega traducida "***transformaos,***" es ***metamorfoo***, de donde viene ***metamorfosis***, una palabra que describe el proceso por el cual el gusano crece y se desarrolla en mariposa). Eso viene por el esfuerzo nuestro en acondicionar nuestros pensamientos a la nueva vida en Cristo, de modo que podamos abandonar la antigua forma de pensar y vivir para abrazar lo que Dios ha preparado para nosotros en Cristo. No podrá haber cambio de conducta en nosotros sino hay un cambio de corazón, pero tampoco sino hay un cambio de pensamiento.

La Iglesia y el mundo representan dos reinos distintos: el reino de Dios y el reino de las tinieblas. Por lo tanto, siempre habrá un choque entre nosotros porque ambos reinos buscan gobernar la humanidad. No debemos buscar contiendas ni contrariedades con nadie, pero el mismo Jesús en **Juan 17** dice que el mundo nos aborrece. Por eso debemos tener sumo cuidado en nuestra relación con el mundo. Debemos amar a todas las almas, no importando su condición, y buscar los momentos oportunos para compartir la fe de Jesús con ellos. Pero no debemos comprometer nuestros principios y valores por tener relación con el mundo. Una cosa es compartir de manera cotidiana o compartir para evangelizar, y otra cosa es participar de las cosas corruptas de este mundo:

> **Efesios 5:7-11: "No seáis, pues, partícipes con ellos. Porque en otro tiempo erais tinieblas, mas ahora sois luz en el Señor: Andad como hijos de luz (porque el fruto del Espíritu es en toda bondad, justicia y verdad), aprobando lo que es agradable al Señor, y no participéis con las obras infructuosas de las tinieblas, sino antes reprobadlas."**

> **Santiago 4:4: "Adúlteros y adúlteras, ¿no sabéis que la amistad del mundo es enemistad contra Dios? Cualquiera, pues, que quisiere ser amigo del mundo, se constituye enemigo de Dios."**

Mientras más nos apegamos y relacionamos con las cosas de este mundo, más amor le tendremos. Cuando el Apóstol Juan habla de "amar" al mundo, usa el verbo griego *"agapao."* El amor ágape describe el amor divino que es incondicional, sacrificial, e incesante. Es el amor de Dios hacia nosotros, y es el amor con el cual debemos responderle en retorno. Pero cuando ese amor se lo damos al mundo, no podremos dárselo a Dios:

> **1 Juan 2:15-17: "No améis al mundo, ni las cosas que están en el mundo. Si alguno ama al mundo, el amor del Padre no está en él. Porque todo lo que hay en el mundo, la concupiscencia de la carne, y la concupiscencia de los ojos, y la soberbia de la vida, no es del Padre, sino del mundo. Y el mundo pasa, y su concupiscencia; pero el que hace la voluntad de Dios, permanece para siempre."**

Quiero aclarar que todos tenemos vidas cotidianas, personales, y regulares. En ese contexto caminamos por este mundo, laboramos, compartimos, nos relacionamos, y seguimos. Pero en el contexto del servicio espiritual, no podemos servir a dos señores. Si estamos dispuestos a sacrificarnos por las cosas del mundo y no para lo de Dios, estamos manifestando a quien estamos sirviendo. No hay término medio en estos asuntos, o eres de Dios, ¡o eres del mundo!

## Satanás y su estrategia

> **Lucas 4:1-2: "Y Jesús, lleno del Espíritu Santo, volvió del Jordán, y fue llevado por el Espíritu al desierto por cuarenta días, y era tentado por el diablo. Y no comió nada en aquellos días; pasados los cuales, luego tuvo hambre."**

Ya desglosamos anteriormente la estrategia de Satanás con Jesús y la aplicamos a nosotros como Iglesia actual en el capítulo 5, pero repetimos los versos para hacer hincapié de que tenemos un adversario astuto, que nos usa a nosotros para destruirnos a nosotros. Él no tiene potestad sobre los hijos de Dios, pero si puede lograr que nos desenfoquemos, que nos descuidemos, que seamos negligentes, ya ha ganado terreno. Porque de ahí no tendremos discernimiento para detectar sus operaciones, y seremos arrastrados por nuestros deseos carnales. Recuerda la advertencia paulina:

**2 Corintios 2:11: "para que no nos gane Satanás; pues no ignoramos sus maquinaciones."**

**2 Corintios 11:3: "Mas temo que en alguna manera, como la serpiente engañó a Eva con su astucia, así sean corrompidas vuestras mentes, de la simplicidad que es en Cristo."**

Este último verso para mi es sumamente decisivo en este tiempo. Parte de la estrategia de la serpiente fue ofrecer conocimiento ilimitado a cambio de desobediencia al mandato de Dios. Aquí vemos la primera instancia del principio de Maquiavelo, *"El fin justifica los medios."* Para Eva fue más importante el obtener más conocimiento que obedecer a Dios y serle fiel, y Adán se unió con ella. Pero note que la serpiente uso el poder del argumento, prometiéndoles igualdad con Dios si comían del fruto prohibido.

Temo que, en la actualidad, la gente, hambrientas por "igualdad" y "conocimiento," desprecien los valores esenciales de la obediencia y el sometimiento, que son fundamento para una sociedad saludable. Dentro de la Iglesia vemos mucha gente con la mente llena, pero con el corazón vacío. Saben mucho, pero no tienen compromiso, lealtad, fidelidad, y consagración. Hay una simpleza y sencillez en el evangelio que se pierde cuando queremos ir más allá de los límites establecidos por Dios. Quiero recordarles algunos puntos sobre el conocimiento:

**Deuteronomio 29:29: "Las cosas secretas pertenecen a Jehová nuestro Dios; más las reveladas son para**

nosotros y para nuestros hijos para siempre, a fin de que cumplamos todas las palabras de esta ley."

1 Corintios 13:2, 9, 12: "Y si tuviera el don de profecía, y entendiera todos los misterios y todo conocimiento, y si tuviera toda la fe como para trasladar montañas, pero no tengo amor, nada soy." "Porque en parte conocemos, y en parte profetizamos;" "Porque ahora vemos por un espejo, veladamente, pero entonces veremos cara a cara." "Ahora conozco en parte, pero entonces conoceré plenamente, como he sido conocido."

El Dios de amor sabe que no tenemos la capacidad de procesar todo en esta vida. Por eso dejó algo para ser conocido y explorado en la eternidad. NADIE en este mundo, con todo y el avance de la tecnología y el conocimiento, tiene una vista completa de todo, por eso contentémonos con lo que se nos ha revelado y cumplamos la asignación que se nos ha dado. Después que crucemos la línea de la eternidad, entonces conoceremos lo que en esta vida no pudimos conocer.

## La Importancia de la Humillación

La vida que nuestro Señor Jesús vivió en este mundo fue una de humildad, de entrega, de compromiso. Nosotros, al tener Su diseño, debemos también seguir Su ejemplo y practicar lo mismo. Observe las palabras de Jesús y como otros escritos apostólicos lo apoyan:

Mateo 23:12: "Porque el que se enaltece será humillado, y el que se humilla será enaltecido."

Filipenses 2:5: "Haya, pues, en vosotros este sentir que hubo también en Cristo Jesús;"

**Santiago 4:6, 10: "Mas Él da mayor gracia. Por esto dice: Dios resiste a los soberbios, y da gracia a los humildes. Humillaos delante del Señor, y Él os exaltará."**

**1 Pedro 5:6: "Humillaos, pues, bajo la poderosa mano de Dios, para que Él os exalte cuando fuere tiempo;"**

Se ha dicho que nuestra altitud depende de nuestra actitud. Creo que es una realidad, y la Biblia lo secunda. Pablo nos exhorta a tener el mismo sentir, (actitud), que hubo en Jesús en Su humillación. Santiago nos dice que Dios resiste a los soberbios, citando a **Proverbios 3:34**, y da gracia a los humildes. La palabra "*resiste*" es una palabra que sugiere oponerse, y es un término militar que implica oponerse en batalla. En otras palabras, Dios le dice al soberbio, "*Vamos a ver quién es más fuerte, ¿tu o yo?*" Mira el reto que Dios le da a Job, contrastándose a sí mismo con el:

**Job 40:11: "Esparce el furor de tu ira; y mira a todo arrogante, y abátelo."**

Pedro nos dice que hay un tiempo específico, un *Kairós*, donde Dios nos exaltará si nos mantenemos humillados bajo Su mano. La mano debajo del cual estamos, cambiará de posición en un momento indicado, y se pondrá debajo de nosotros para levantarnos. Si nos mantenemos en Sus manos, Dios se encargará de glorificarse en el tiempo oportuno, de la misma manera en que Jesús se humilló hasta lo sumo, y el Padre le exaltó hasta lo sumo.

## Conclusión

**Juan 15:1-8: "Yo soy la vid verdadera, y mi Padre es el labrador. Todo pámpano que en mí no lleva fruto, lo quita; y todo aquel que lleva fruto, lo limpia, para que lleve más fruto. Ya vosotros sois limpios por la palabra que os he hablado. Permaneced en mí, y yo en vosotros.**

Como el pámpano no puede llevar fruto de sí mismo, si no permanece en la vid, así tampoco vosotros, si no permanecéis en mí. Yo soy la vid, vosotros los pámpanos; el que permanece en mí, y yo en él, éste lleva mucho fruto; porque sin mí nada podéis hacer. Si alguno no permanece en mí, será echado fuera como pámpano, y se secará; y los recogen, y los echan en el fuego, y arden. Si permanecéis en mí, y mis palabras permanecen en vosotros, pediréis todo lo que quisiereis, y os será hecho. En esto es glorificado mi Padre, en que llevéis mucho fruto, y seáis así mis discípulos."

Tengo la esperanza de que este libro te dirigirá hacia Jesús si nunca lo has conocido, te redirigirá hacia El sí perdiste el camino, sea adentro o fuera de la Iglesia, y te reenfocará en El si eres ministro. Jesús es nuestro todo, Él es el fundamento y razón de ser de la Iglesia. Él es nuestro objetivo, meta, y destino, tanto en el ahora como en el más allá.

Finalizo recordándote algo que Él dijo y que he aprendido: *que sin El NADA podemos hacer*. Nuestras fuerzas, conocimiento, y experiencias son buenas, pero no son suficientes. Te invito a reconsiderar las palabras del Apóstol Pablo, quien subió a grandes niveles en Dios, pero quien también aprendió a depender totalmente de Jesús.

2 Corintios 12:7-10: "Y para que no me enaltezca desmedidamente por la grandeza de las revelaciones, me es dado un aguijón en mi carne, un mensajero de Satanás que me abofetee, para que no me enaltezca sobremanera. Por lo cual tres veces he rogado al Señor, que lo quite de mí; y me ha dicho: Bástate mi gracia; porque mi poder se perfecciona en la debilidad. Por tanto, de buena gana me gloriaré más bien en mis debilidades,

**para que habite en mí el poder de Cristo. Por lo cual me gozo en las debilidades, en afrentas, en necesidades, en persecuciones, en angustias por amor a Cristo; porque cuando soy débil, entonces soy poderoso."**

Sin El nada somos, y nada podemos hacer, pero con El, todas las cosas son posibles. Tu y yo, por Su Espíritu, ¡podemos ser reflejos de El!

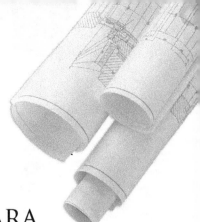

# Recursos usados para este Libro

Biblioteca Cristiana E-Sword (Programa de Computadora, <u>www. e-sword.net</u>)

Diccionario Expositivo de Vine's, Palabras del Antiguo y Nuevo Testamento

Biblia Reina-Valera (1909), Dominio Publico

# BIOGRAFÍA DE JOEL AVILÉS

**JOEL AVILÉS TIENE UNA PASIÓN** por predicar la palabra de Dios y ha ministrado en diferentes países del mundo. La experiencia ministerial incluye el pastorado, las misiones, el evangelismo y la educación teológica, y se basa en una plataforma multicultural, alcanzando y edificando vidas de diversos trasfondos. Tiene un Bachillerato del Instituto Teológico de la Fundación Segura, fue co-valedictorian de su clase graduanda del Instituto Bíblico Roca de Horeb, y está casado con Damaris Avilés, quien adora a Dios a través del cantico y es una pieza integral del ministerio que cumplen para el Señor.